W0056635

Die Idee

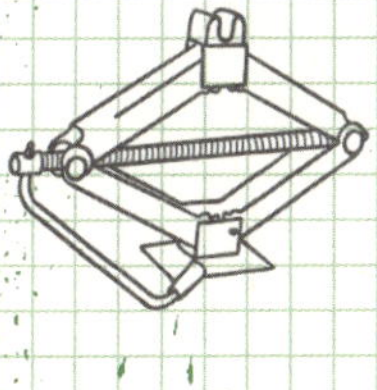

Tagträume im Klassenzimmer

Drei Jahre zuvor: Die Schule ist anstrengend, jeden Tag habe ich bis zum Nachmittag Unterricht. Ich bin lustlos, versuche aber ehrgeizig zu bleiben, schließlich zählen viele meiner Noten schon für das Abitur. Ich habe aktuell noch keinen Schimmer, was ich nach meinem Abschluss machen möchte, aber mit einem guten Abitur stehen mir zumindest alle Möglichkeiten offen.

Das ist sehr vernünftig gedacht. Weniger vernünftig sind meine Tagträume, die mich im heißen Klassenzimmer immer wieder davontragen. Eigentlich sollte ich jetzt einen lateinischen Text übersetzen – es geht um einen Goldschmied –, aber meine Gedanken schweifen ab.

Wie viel Zeit habe ich bereits an diesem Ort verbracht? In dieser Schule. In dieser Kleinstadt. Wir sind hierhergezogen, als ich sechs Jahre alt war. In ein renovierungsbedürftiges Haus, das meine Eltern größtenteils selbst renoviert haben. Auch mein großer Bruder und ich haben geholfen und fleißig den Pinsel geschwungen. Meine kleinere Schwester war noch zu jung dafür. Die roten Fensterläden unseres Hauses sind mein Werk.

Während der lateinische Text vor mir auf dem Tisch liegt, frage ich mich, was mir die zwei Schulstunden in diesem stickigen Raum bringen sollen. Das echte Leben findet doch da draußen statt. Wie weit könnte ich in diesen zwei Stunden mit dem Auto fahren? Ich überschlage im Kopf und komme bei einer entspannten Reisegeschwindigkeit von 100 Stundenkilometern auf über 200 Kilometer. Das wäre von hier bis nach Frankreich.

«Noch zehn Minuten, meine Damen und Herren», die Stimme meines Lehrers holt mich ins Klassenzimmer zurück. Verdammt, ich muss mich zusammenreißen. Bald ist das Schuljahr geschafft, und dann sind endlich Sommerferien.

Mit dem Familien-Opel auf große Fahrt

Meine Eltern reden in letzter Zeit öfter davon, sich ein neues Auto zu kaufen. In meinem Kopf entsteht eine Idee: Wie wäre es, wenn ich meinen Eltern unseren alten Opel abkaufe und nach dem Abitur einfach losfahre?

Auch in der nächsten Geschichtsstunde kommt mir diese Idee wieder in den Sinn. Statt mich auf die Schlacht von Verdun zu konzentrieren, fahre ich in meinem Auto auf leeren, weiten Straßen durch unbekannte Länder. In diesem Moment wird mir klar: Das soll keine Wunschvorstellung bleiben. Ich möchte ein Auto. Und ich will auf große Reise gehen.

Von hier an höre ich auf zu träumen und fange an zu planen. Mein Roadtrip-Plan beschäftigt mich ständig, beim Einschlafen, Zähneputzen, Essen und auf dem Weg in die Schule. Wenn ich morgens die Straße Richtung Gymnasium entlanggehe, komme ich immer an einem roten Kastenwagen vorbei. Die Aufkleber darauf verraten mir, dass der Besitzer damit seine Motocross-Bikes transportiert. Fenster hat der Bus keine, aber ich kann mir gut vorstellen, wie viel Platz darin ist. Und was man mit diesem Platz alles anfangen könnte. Man könnte zum Beispiel eine kleine Küche einbauen und ein Bett!

Ich schaue im Internet nach, wie hoch die Preise für gebrauchte Autos sind, und bin erstaunt, dass man für 2000 Euro bereits einen Transporter in fahrbarem Zustand bekommt. Hmmm ... und so langsam wird vor meinem inneren Auge aus unserem Familien-Opel ein gebrauchter Transporter.

Die Planung

An meinem Mountainbike kann ich fast alles selbst reparieren. An einem Auto eher nicht. Ich weiß zwar, dass man gelegentlich einen Ölwechsel machen muss, dass der Zahnriemen irgendwie ein kritisches Teil ist und dass man den Reifendruck regelmäßig kontrollieren muss. Aber sonst? Fehlanzeige. Doch ich bin hochmotiviert, meine Wissenslücken – oder soll ich eher Wissenskrater sagen? – zu schließen. Ich schaue mir zu verschiedenen Transportern, die für mich in Frage kämen, die Anleitungen an. Dabei fällt mir auf: Es gibt Autos, bei denen man sehr viel selbst reparieren kann, und solche, die man für Reparaturen in die Werkstatt bringen muss.

Tipps vom Profi

Auf eine Marke oder gar ein bestimmtes Modell möchte ich mich nicht festlegen, um mir eine möglichst große Auswahl zu sichern. Ich vergleiche viele verschiedene Transporter miteinander. Der Fiat Ducato gefällt mir wegen seiner kantigen Form optisch sehr. Vor allem sieht er aus, als wäre innen viel Platz. Doch dann überfliege ich die Anleitung zum Thema Zahnriemenwechsel: «Auto auf die Hebebühne fahren. Motor an einer Seite lösen und abstützen.» Das war's mit mir und dem Fiat Ducato. Ich weiß zwar nicht viel über Kfz-Technik, aber dass man einen Motor zum Zahnriemenwechsel ausbauen muss, erscheint mir suspekt – und für mich nicht praktikabel.

Ich möchte mein ganzes «Ich kaufe mir ein gebrauchtes Auto und repariere es selbst»-Projekt selbständig durchführen. Nicht weil ich ein egoistischer Exzentriker bin, sondern weil ich das Gefühl liebe, etwas alleine zu schaffen. Vielleicht gar etwas, das einem zu Beginn fast unmöglich erscheint.

Auswahl gleich null

Trotzdem bitte ich meinen Cousin Martin, der gelernter Kfz-Mechaniker ist, um seine Meinung. Er empfiehlt mir, keinen alten Bus mit Automatik-Getriebe zu kaufen. Die geben nach 200 000 Kilometern schnell den Geist auf. Ich streiche den Mercedes Vito von meiner Liste. Ich soll auf jeden Fall nach einem Diesel schauen, denn alte Benziner verbrauchen zu viel Sprit. Damit fliegt die Hälfte der anderen Autos in meiner Suchauswahl raus. Firmenwagen von Handwerkern werden laut meinem Cousin sehr rücksichtslos gefahren, weshalb er eher zu einem Privatwagen rät. Meine Auswahl schrumpft mehr und mehr. Der Umstand, dass ich in einer Umweltzone wohne und man dafür eine grüne Plakette benötigt, sowie mein geringes Budget von 2000 Euro lässt die Anzahl auf meiner Kaufliste auf null sinken. Das ist schlecht. Irgendein Fahrzeug nach meinen Vorstellungen und Vorgaben muss es da draußen doch für mich geben.

Ich mache es zu meiner abendlichen Routine, die einschlägigen Gebrauchtwagenportale nach passenden Angeboten zu durchforsten. Die Auswahl ist immer ziemlich dünn. Aber irgendwann werde ich schon einen Treffer landen.

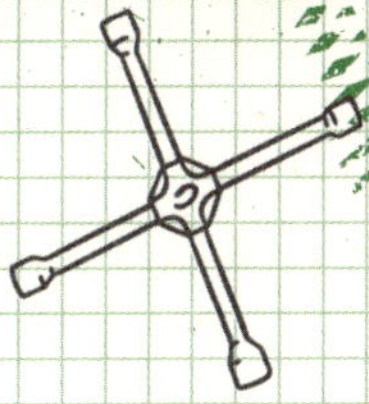

Der Bulli-Kauf

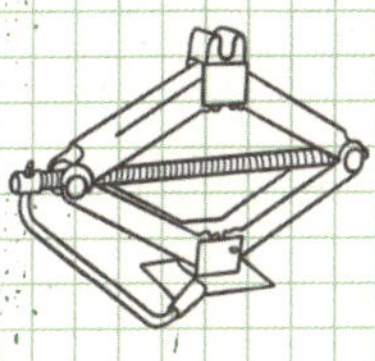

Das richtige Modell finden

Es gibt Autos und Transporter, bei denen man leichter selbst Hand anlegen kann als an anderen. Wer beim Buskauf möglichst wenig Geld ausgeben will, der sollte ein Modell wählen, an dem man das meiste selbst reparieren kann. Wenn Geld keine Rolle spielt, ist dieser Punkt zu vernachlässigen – es sei denn, du WILLST dein Auto in Eigenregie herrichten.

Modelle, die sich für Bastler eignen:
VW T4 – mein Modell
Ford Transit – ein bisschen breiter, man kann fast quer darin schlafen
Renault Trafic – der rote Kastenwagen um die Ecke
Opel Vivaro – baugleich zum Trafic
Fiat Ducato – mit etwas Glück eine günstige Alternative
VW T5 – mein Nachfolger, wird mittlerweile auch günstiger

Wähle das kleinstmögliche Modell

Vor dem Kauf sollte man sich überlegen, wofür man den Transporter nutzen will. Für kleine Trips am Wochenende oder die ganz große Weltumrundung? Fährt man alleine oder in Begleitung? Alle diese Fragen spielen bei der Auswahl eine Rolle. Wenn du genau weißt, was und und wohin du mit deinem Wagen willst, kannst du die für dich passenden Modelle heraussuchen. Dabei am besten das kleinstmögliche Modell auswählen – das spart Kosten in der Anschaffung, beim Ausbau und beim Sprit. Außerdem kommt man an Orte, die man mit einem großen Wohnmobil nie erreichen würde.

Wenn du wirklich die ganz große Tour planst, lohnt es sich, beim Kauf darauf zu achten, ein möglichst verbrauchsarmes Modell zu kaufen. Was nützt dir der schönste aufgemöbelte Bus, wenn dir hinterher das Geld zum Tanken fehlt?

Je mehr man selbst reparieren kann, desto günstiger kommt man beim Kauf weg. Da gebrauchte Transporter in den letzten Jahren aber sehr gefragt sind, haben die Preise deutlich angezogen. Mit einem Budget von 2500 Euro solltest du allerdings schon einen Transporter in mittelmäßigem Zustand finden. Je mehr Geld du zur Verfügung hast, desto einfacher ist es natürlich.

Arbeiten und Sparen für den Bulli

Die Entscheidung ist gefallen

Die Planung und Realisierung meines Bus-Traums fällt genau mit meinen Abiturvorbereitungen zusammen. Ich habe immer weniger Zeit, an meinem Plan zu arbeiten. Gleichzeitig wächst mit dem intensiven Eingebundensein in die Schule mein Wunsch und meine Motivation, meinen Traum Wirklichkeit werden zu lassen. Ich möchte mir dringender als je zuvor ein mobiles Zuhause schaffen, mit dem ich die Welt entdecken und den Abiturstress hinter mir lassen kann.

Gleichzeitig warte ich auf die Zusage für meinen Ferienjob. Mit dem Job steht und fällt mein ganzes Projekt. Denn ohne Arbeit keine Kohle und damit keine finanzielle Möglichkeit, den Plan in die Tat umzusetzen. Wenige Tage vor den finalen Klausuren löst sich wenigstens eines meiner Probleme: Ich habe den Ferienjob bei Daimler. Ich bin meinem Ziel einen kleinen, aber wichtigen Schritt näher.

Und dann ist auch das Abitur geschafft und ich beginne meinen Ferienjob am Band bei Daimler. Endlich steigt mein Kontostand, und mit jedem verdienten Euro wird mein Traum ein bisschen realer.

Es wird ein ... VW-Bus

Lange Zeit war ich mir noch nicht sicher, für welchen Transporter ich mich entscheiden soll. Beim Spazierengehen mit unserem Familienhund Asa komme ich fast täglich an einem älteren VW-Bus vorbei, und offenbar hat der tägliche Anblick nach und nach immer tiefere Spuren in meinen Gedanken hinterlassen. Bisher hatte ich keine VW-Busse auf meiner Liste – zu teuer. Doch die einfache eckige Form spricht mich jedes Mal an, wenn ich mit Asa an dem Bulli vorbeilaufe. Warum also nicht doch versuchen, einen bezahlbaren VW-Bus zu finden?

Worauf man beim Kauf achten muss

Nachdem ich mich dafür entschieden habe, meine Suche auf VW-Bullis zuzuspitzen, wird es nicht unbedingt einfacher. Zunächst lerne ich, dass es wirklich viele Modelle gibt. Ein Multivan ist zum Beispiel ein Familienauto mit rudimentärer Campingausstattung, dann folgen Caravelle und California, teils sogar mit aufwendigen Westfalia-Hubdächern. Das hat natürlich seinen Preis. Gut, dass das nicht das ist, wonach ich suche. Ich will einfach nur einen Transporter, eine leere Kiste, die ich nach meinen Vorstellungen befüllen kann.

Den richtigen Wagen finden

Zeitdruck ist ein schlechter Berater bei der Autosuche, habe ich gemerkt. Er verleitet dazu, die eigenen Ansprüche nicht richtig mit den Angeboten abzugleichen und am Ende vielleicht das falsche Fahrzeug auszuwählen. Wenn du also kannst, nimm dir so viel Zeit wie nötig, um das perfekte Fahrzeug für dich zu finden.

Ich habe leider keine Zeit. Mein Ferienjob endet in vier Wochen, und dann will ich mit dem Umbau meines Busses anfangen. Was mir allerdings noch fehlt, ist der Bus.

Und so passe ich meine Ansprüche an. Ich suche zum Beispiel nicht mehr nur nach Dieselfahrzeugen, da Benziner häufiger eine grüne Plakette haben.

Analysieren und zuschlagen

Wer sich ein gebrauchtes Auto kaufen möchte, muss am besten täglich die verschiedenen Angebote durchforsten – online und offline. Im Internet gibt es viele verschiedene Plattformen, auf denen man nach Angeboten suchen kann. Aber auch in Zeitungen werden noch Wagen inseriert. Bei regionalen Ausgaben hast du hier den Vorteil, dass sich der Verkäufer mit großer Wahrscheinlichkeit in deiner Nähe befindet. Bei diesen Angeboten handelt es sich meistens um Autos, die aus privater Hand verkauft werden.

Neben dem Privatverkauf gibt es auch den professionellen Verkauf durch Gebrauchtwagenhändler. Hier ist die Rechtslage etwas sicherer, allerdings damit auch der Preis etwas höher. Bis zu 1000 Euro Unterschied kann der Kaufpreis eines gleichwertigen Autos bei einem Kauf von einem Händler im Vergleich zum Privatkauf ausmachen.

Nimm einen Experten mit

Wenn du selbst keine Ahnung von Autos hast, so wie ich, dann besorge dir professionelle Unterstützung. Vielleicht hast du in deinem Freundes- und Bekanntenkreis jemand mit Kfz-Wissen? Bei mir haben mein Cousin Martin und mein Freund Manu geholfen, sowohl eine Vorauswahl zu treffen wie auch das Fahrzeug zu besichtigen. Du kennst niemanden, der sich mit Autos auskennt? Dann frag auf Social-Media-Kanälen nach Hilfe. Oftmals findet man nette Menschen, die einem kostenlos mit Rat und Tat zur Seite stehen.

Immer Probe fahren

Manche Autos sehen im Stehen ganz toll aus. Aber du möchtest deinen Bus am Ende ja nicht nur dekorativ irgendwo hinstellen, sondern damit fahren. Deshalb solltest du mit dem Objekt deiner Begierde unbedingt eine Probefahrt machen. Mancher Mangel, wie schlechte Bremsen, ausgeleierte Kupplung oder schlechtes Fahrwerk, kannst du dabei auch als Laie feststellen.

Ich gebe zu, dass ich nicht unbedingt das beste Beispiel für einen vorbildlichen Gebrauchtwagenkäufer bin. Zwar habe ich zur Besichtigung einen Experten mitgenommen – auf dessen Rat ich am Ende nicht gehört habe –, aber ich habe vor dem Kauf weder eine Probefahrt gemacht, noch habe ich eine Nacht über die Entscheidung geschlafen.

Es ist nämlich zu empfehlen, den Kaufvertrag wirklich gründlich durchzulesen, am besten in Ruhe zu Hause, und erst dann zu unterzeichnen. Ich war war viel zu ungeduldig dafür und hatte zu große Angst, dass mir der Bulli vor der Nase weggeschnappt wird. Das ist in meinem Fall zwar gutgegangen, aber das muss nicht immer so sein. Deshalb gilt: Kaufvertrag inklusive Kleingedrucktem gründlich studieren.

Bitte unterzeichnen Sie hier

Egal, ob du dein Fahrzeug von einer Privatperson oder einem Händler kaufst, du solltest auf jeden Fall immer einen Kaufvertrag abschließen – BEVOR du bezahlst.

Auf zum Prüfzentrum

Statt privater Unterstützung kannst du dir professionelle Hilfe auch kaufen. Fahr den Wagen, den du zum Kaufen anvisiert hast, bei einer Probefahrt bei einem Prüfzentrum vorbei und lass ihn für 50 Euro auf vorhandene Schäden überprüfen.

Mit Recht und Ordnung

Du kaufst von privat und der Verkäufer hat angeblich keinen Kaufvertrag zur Hand? Lass dich nicht reinlegen. Geprüfte Standardverträge kann man im Internet herunterladen. Es soll schließlich alles mit rechten Dingen zugehen.

Mein Bulli-Kauf

Nachdem ich mich dazu entschlossen habe, dass ein VW-Bus genau das Richtige für mich ist, gehe ich meine Autosuche gezielt an. Alte Diesel-Fahrzeuge haben fast nie einen Rußpartikelfilter, also auch keine grüne Plakette. Und die Angebote mit Filter, die ich finde, sehen schon auf den Fotos abschreckend aus. Da ich unter Zeitdruck stehe, entschließe ich mich – gegen den Rat meines Kfz-Cousins –, auch nach Benzinern zu schauen, und finde ein sehr interessantes Angebot: ein T4 von 1997, Fahrzeug einer ehemaligen Glaserei, mit Benzinmotor und neuem TÜV für 2300 Euro.

Bulli-Kauf: erster Versuch

Ich schicke das Angebot an meinen Cousin, doch der rät mir ab. Ich rufe den Händler trotzdem an. Der Verkäufer bestätigt mir, dass der Bulli noch zu haben ist, meint aber: «Der Wagen ist zwar fahrbereit und Motor und Getriebe sind okay, aber ehrlicherweise muss ich sagen, dass es kein Wagen für die Ewigkeit ist. Man fährt ihn bis zum nächsten TÜV runter und dann wird er verschrottet.» Hmmm, das klingt nicht super, aber immerhin ehrlich.

Meine aktuelle Einstellung ist relativ simpel: Ich brauche das Auto für ein Jahr für meine große Reise, und danach kann es von mir aus den Bach runtergehen. Also entscheide ich mich spontan und vereinbare eine Besichtigung mit dem Ziel, den Bus zu kaufen. Der Händler sitzt in Dresden, 400 Kilometer entfernt. Für mich ist klar, wenn ich da hinfahre, kaufe ich das Teil auch.

Sorry, schon weg

Ich buche einen Fernbus nach Dresden und eine Übernachtung im Hostel für nächsten Freitag. So kann ich Freitag entspannt anreisen, mir den Bulli anschauen und am Samstag gemütlich damit nach Hause fahren. Mit MEINEM Bus.

Ich hebe das Geld von der Bank ab, lese mir unzählige Ratgeber zum Gebrauchtwagenkauf durch und fiebere die ganze Woche meinem Trip nach Dresden entgegen. Ich erzähle allen Freunden, Verwandten und auch meinen Kollegen am Fließband davon. Einer davon ist Kfz-Meister und sieht das mit dem Benziner gar nicht so eng wie mein Cousin. Außerdem ist er der Meinung, dass die Aussage des Händlers mit dem «Runterfahren bis zum nächsten TÜV» irgendwie vertrauenswürdig klingt. Vor meiner Abfahrt am Freitag rufe ich noch einmal beim Dresdner Autohändler an, nur um sicherzugehen.

«Gut, dass du noch mal anrufst», sagt der Händler am Telefon. «Der Wagen ist schon weg. Sorry. Ich habe ihn gegen einen Porsche getauscht. Da kann ich nichts mehr machen.»

Wütend lege ich auf. Was für ein blöder Mist. Hoffentlich bekomme ich wenigstens das Geld für den Fernbus zurück.

Bulli-Kauf: Zweiter Versuch

Eine Woche später füge ich mich bei der Suche dem Unvermeidlichen und setze mein Preislimit hoch. Und plötzlich sehe ich ihn: einen wirklich schönen T4 in Weiß, mit Partikelfilter, Dieselmotor, nur 200 000 Kilometer und einem Sitz. Nur ein Sitz? Ach egal, ich will ja eh alleine auf große Fahrt gehen. Und das Beste: Der Händler ist nur zehn Kilometer entfernt. Das ist das perfekte Angebot für nur 2900 Euro. Ich rufe den Händler sofort an und kann direkt vorbeikommen.

Hochmotiviert fahre ich am nächsten Morgen mit 3000 Euro in der Tasche zum Händler. Auf seinem großen Hof stehen an die 200 Fahrzeuge, eines davon «mein» VW-Bus. Der Händler tut sehr beschäftigt. Er gibt mir schnell den Schlüssel und zeigt grob in die Richtung, wo ich den Bus finde, bevor er sich wieder Wichtigerem zuwendet.

Ich schlendere über den Hof und lasse meinen Blick schweifen. Wo ist «mein» Bus? Etwa an der beschriebenen Stelle finde ich tatsächlich einen T4, aber irgendwie sieht er ganz anders aus als auf den Fotos. Die Farbe glänzt nicht so sehr, und die ominösen lila getönten Scheiben sind mir in der Anzeige gar nicht aufgefallen. Egal. Der Bus ist von oben bis unten mit Autoteilen vollgestopft, und vorne ist wirklich nur ein Fahrersitz verbaut. Auf dem Platz daneben stapeln sich Felgen, Zierblenden, ein Endtopf und ein Rückspiegel.

Nach einigem Hin und Her, bei dem ich froh bin, dass mich keiner beobachtet, bekomme ich die Motorhaube auf. Beim Blick auf den Motor wird mir schließlich klar: Ich habe keine Ahnung, was ich hier tue. Der Motor könnte einen Totalschaden haben, und ich würde es nicht sehen. Ich fühle mich hilflos. Mit meinem beschränkten Fachwissen kann ich weder den Zustand des Wagens richtig einschätzen noch mit dem Verkäufer verhandeln. Ich brauche Hilfe. Mir kommt mein Freund Manu aus der Radsportgruppe in den Sinn. Er hat eine abgeschlossene Kfz-Mechaniker-Ausbildung und ist meine letzte Rettung. Ich wähle seine Nummer.

Manu erinnert sich noch an mein Bulli-Projekt und willigt sofort ein, mir zu helfen. Allerdings kann er erst in zwei Tagen. Der Händler meint, das wäre kein Problem. Er will mir den T4 bis dahin reservieren und sogar für eine Probefahrt freiräumen. Ich bin gespannt, wie das mit dem Reservieren dieses Mal klappt.

Häufige Bulli-Probleme

Die Entscheidung für einen VW-Bus habe ich eher spontan gefällt. Seine einfache, kantige Form hat mir sofort gefallen. Als ich bei meiner Bulli-Suche mal wieder frustriert vor dem Computer sitze, fragt mich meine Freundin Jasmin, warum es denn unbedingt ein Transporter von VW sein muss und kein Ford Transit oder so. Richtig erklären kann ich ihr meine Vorliebe für VW-Busse nicht, ich weiß nur, dass ich die irgendwie schön finde und ich definitiv nur ein Auto kaufen will, das mir zu 100 Prozent gefällt. Und in meinem Kopf gibt es einfach dieses Bild von mir in meinem T4 auf großer Reise.

Beim Durchstöbern der Anzeigen und in Gesprächen mit meinem Kollegen, dem Kfz-Meister am Fließband, lerne ich, dass der VW-Bus zu bestimmten Mängeln neigt. Diese tauchen bei den meisten Fahrzeugen früher oder später auf. Mein Arbeitskollege beruhigt mich aber immer wieder, indem er ganz locker erzählt, dass man dieses und jenes ganz einfach wegbrutzeln, durchpusten oder austauschen kann. Für den T4 gibt es auf dem Markt viele Ersatzteile, auch günstig von Drittanbietern. Das lässt mich etwas aufatmen, denn manchmal frage ich mich schon, ob ich mir mit meinem Bulli-Projekt nicht doch zu viel vorgenommen habe.

Typische T4-Macken

Rost – Kaum einen gebrauchten T4 bekommt man ohne dieses unerwünschte Extra. Vor allem Busse, die vor 1996 gebaut wurden, sind davon betroffen, da diese nicht teilverzinkt sind.

Radlauf – Erfahrungsgemäß fangen die Busse hier als Erstes an zu rosten. Unbedingt auch den oft dick aufgetragenen Steinschlagschutz auf Unterrostungen abklopfen.

Schweller – Die Einstiegsleiste unter den Türen ist die nächste Anlaufstelle für Korrosion. Wichtig: auch die Plastik-Einstiege herausnehmen, um böse Überraschungen zu vermeiden.

Scheibenrahmen – Im Gegensatz zu Schweller und Radlauf lässt sich Rost hier nur schwer behandeln. Gammelige Scheibengummis führen zu Undichtigkeiten und maroden Rahmen.

Zahnriemen – Nicht nur beim T4 müssen die Wartungsintervalle eingehalten werden. Liegt der Wechsel bereits lange zurück, so muss dieser teuer ersetzt werden.

Bremsleitungen – Da diese frei am Unterboden verlaufen und allen Witterungseinflüssen ausgesetzt sind, neigen auch sie zur Korrosion.

Zeig mir dein Fahrgestell!

Beim Kauf eines Bullis unbedingt auf die Fahrgestellnummer achten, um zu checken, um welches T4-Modell es sich wirklich handelt. Umbauten vom Transporter zum Multivan müssen als Umbau deklariert werden. Um einen höheren Preis zu erzielen, geben zwielichtige Verkäufer solche Umbauten oft nicht an und versuchen einen umgebauten T4-Transporter als Original T4-Multivan zu verkaufen. Mit der Fahrgestellnummer kannst du ganz genau prüfen, um was für ein Modell es sich wirklich handelt.

Achtung, Tacho-Manipulation

Angeblich sind 50 Prozent aller T4-Tachostände manipuliert, sprich zurückgesetzt. Wenn du deinen Bulli lange fahren willst und nicht so wie ich nur für eine große Reise, solltest du beim Kauf auf eine nachvollziehbare Fahrzeughistorie achten. Damit kann man den Tachostand abgleichen und abschätzen, ob die Zahl hinkommt oder manipuliert wurde. Liegt eine komplette Fahrzeughistorie vor, ist der Tachostand meistens korrekt.

Vorsicht, Diebe

Bullis, insbesondere der T4, sind beliebt. Das lockt nicht nur Betrüger beim Verkauf, sondern auch Diebe an. Selbst meine Schrottkiste wollen mir ständig Leute abkaufen. Wenn du einen höherwertigen Bulli besitzt, ist eine Nachrüstung mit einer Lenkradsperre und GPS-Tracker gar keine so schlechte Idee.

Die Verhandlung

Zwei Tage später fahre ich endlich zusammen mit meinem Freund Manu, dem gelernten Kfz-Mechaniker, zum Autohändler, um den VW-Bus von ihm professionell begutachten zu lassen. Und ihn dann zu kaufen. Das Geld habe ich schon in der Tasche. Die letzten Tage war ich völlig durch den Wind und konnte mich zu Hause und bei der Arbeit auf nichts konzentrieren. Zu groß war meine Angst, dass der Händler «meinen» Bulli wieder einfach weggegeben hat.

Doch dieses Mal ist alles paletti. Der Bus ist noch da, allerdings nicht, wie vom Händler versprochen, leergeräumt. Zusammen mit Manu und dem Händler stehe ich wieder vor dem T4. Manu beäugt den Wagen kritisch – gefällt er ihm wirklich nicht, oder ist das schon Verhandlungstaktik? Während er um den Bus läuft und mit der Taschenlampe in jede Ecke leuchtet, legt er los: «Die Bremsscheiben hinten sind runter. Und vorne auch. Im Radlauf ist ganz schön viel Rost.»

Zum Beweis stochert er mit dem Schlüssel darin herum, und große Rostbrösel rieseln zu Boden. «Da muss ein komplett neuer Einstieg rein. Hinten braucht es neue Reifen, und die Heckklappe geht auch nicht.» Manu blickt mich an. «Der ist bei den anfallenden Reparaturkosten niemals 2900 Euro wert.»

Zähe Verhandlung

Und schon sind wir mitten in der Preisverhandlung:

«Die Reparaturkosten liegen locker im vierstelligen Bereich, mehr als 1500 Euro kann ich nicht bieten», fange ich an.

Der Händler zuckt leicht zusammen. Ein guter Schauspieler?

«Viel zu wenig. Das ist ein VW-Bus, die sind nicht billig. Es gibt noch viele Interessenten. Unter 2600 Euro gebe ich den nicht weg.»

«In dem Zustand ist der das niemals wert!», kontere ich. «Bis ich den über den TÜV kriege, muss ich noch mal 2000 Euro reinstecken. 1800 Euro maximal.»

Das Handy des Händlers klingelt, und er geht ran. Er telefoniert. Fünf Minuten, dann zehn Minuten, der Mann hört gar nicht mehr auf zu telefonieren. Manu und ich sind genervt. Ist das eine Masche? Auf jeden Fall ist es unglaublich unhöflich.

Nach zwanzig Minuten, Manu und ich wollen gerade wutentbrannt gehen, legt er endlich auf. Jetzt kenne ich beim Verhandeln keine Gnade mehr.

«Wir waren bei 1800 Euro stehen geblieben», sage ich.

«Nee, geht nicht. Aber für zweieinhalb kriegst du ihn.»

«Viel zu teuer bei den ganzen Reparaturen. 2000 ist mein oberstes Limit, mehr kann ich nicht geben. Außerdem muss auch noch ein neues Licht dran, und der Außenspiegel ist kaputt.»

Mist, ich bin zu früh bei 2000 Euro angekommen. Jetzt nennt wahrscheinlich er seinen letzten Preis.

«2300 Euro. Weiter runter gehe ich nicht», kommt dann auch von ihm.

Auf diesem Preisniveau debattieren wir hin und her, bis ich schließlich fast schon verzweifelt sage: «Der Bus hat ja nicht einmal eine Beifahrerbank, die kostet auch noch mal voll viel. Ich will den Bus zum Wohnmobil umbauen, habe gerade mein Abi gemacht und kann mir das alles so nicht leisten!»

Keine Ahnung, ob ich sein Mitgefühl gerührt habe oder er einfach keinen Bock mehr auf das Verhandeln hat. Aber der Händler antwortet überraschenderweise: «Okay, sagen wir 2150 Euro, und du kriegst auch noch eine Sitzbank. Ich habe noch eine von einem anderen Bus. Und den Scheinwerfer und Außenspiegel mache ich dir auch noch. Geht das klar?»

Ob das klargeht? Aber so was von. Ich kann mein Glück kaum fassen.

«Aber in den Vertrag schreibe ich, dass es sich um Bastlerfahrzeug ohne Gewährleistung handelt.»

Ich stimme zu. Ich weiß, dass bei so einem Kaufpreis und einem derart alten Auto kein großer Spielraum für Gewährleistungen ist.

Weite Welt, ich komme

Ich kann es kaum erwarten, meiner Freundin Jasmin von meinem neuen Bulli zu erzählen. Endlich habe ich es geschafft. Jetzt nur noch den Vertrag unterzeichnen, und ich bin stolzer Besitzer eines T4. Jasmin hatte echt viel Geduld mit mir in den letzte Monaten, und das, obwohl wir uns erst seit der letzten Klassenfahrt nach Berlin kennen und noch nicht lange zusammen sind. Wenn ich den Bus umgebaut habe, können wir gemeinsam auf große Reise gehen. Ach nein, geht ja gar nicht. Jasmin fliegt in ein paar Wochen mit einer Freundin nach Neuseeland. Schade. Aber ich hatte eh geplant, ein Jahr alleine – nur ich und mein Bulli – umherzureisen. Wie ich mich schon darauf freue!

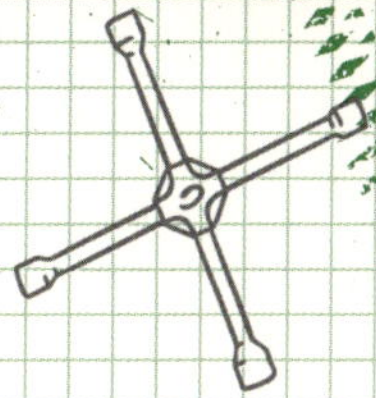

Wer braucht schon Bremsen? Oder: Die Arbeit beginnt.

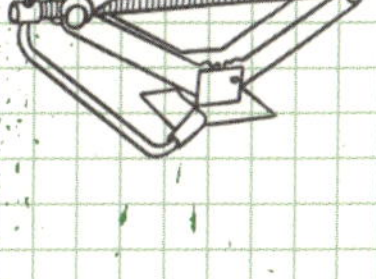

Gekauft und liegen geblieben

Meine ganzen Träume sind kurz davor, in echtem Blech, Rost und lila getönten Scheiben Realität zu werden. Ich unterzeichne den Kaufvertrag und blättere die 2150 Euro auf den Tisch. Es macht mir überhaupt nichts aus, mich von meinem Geld zu trennen. Scheint also die richtige Entscheidung zu sein.

Der Händler hat bereits rote Kennzeichen am Bus befestigt, damit ich den Bus mitnehmen kann. Manu und ich haben uns geeinigt, dass wir den T4 erst einmal direkt in die Werkstatt bringen, um das Rostproblem zu beheben. Laut Manu sitzt der nämlich an tragenden Teilen, und da sollte man besser nicht selber herumpfuschen.

Traum aus Blech und Rost

Zwei Stunden später bin ich mit Jasmin und ihren Eltern zum Essen verabredet. Als ich vom Hof fahre, erinnert mich das Motorengeräusch meines Bullis ein wenig an einen großen Lkw. Schallisolierung ist ein Luxus, den so ein Transporter nicht kennt. Dazu riecht es nach Holz, Mörtel und altem Pressspan. Das Auto duftet nach einer langen Geschichte, die ich mit meinem Kauf, Umbau und Reise nun weiterschreiben werde.

Ich fühle mich total berauscht, während ich die lange Straße durch das Industriegebiet entlangfahre. Endlich kann ich allen zeigen, dass mein Traum vom eigenen Bulli nicht nur ein Hirngespinst war. Ich steuere auf die erste Kreuzung zu und trete auf die Bremse. Nichts geschieht. Ich bin kurz verdutzt und trete dann fester auf die Bremse und fester, bis ich irgendwann mit meinem ganzen Gewicht auf dem Pedal stehe, mit dem Rücken gegen den Sitz gepresst. Gemächlich verlangsamt der Bus seine Fahrt. Puh, ich lache kurz auf. So ein alter Bulli hat seinen ganz eigenen Charakter.

Manu fährt voraus Richtung Autobahn. Mit ein wenig Schwung nehme ich die Auffahrt. Jetzt wird sich zeigen, wie viel Beschleunigung mit einem defekten Turbolader überhaupt möglich ist. Die Antwort: gar keine! Ich trete das Gaspedal bis zum Anschlag durch, doch nichts passiert. Na ja, dann geht die Fahrt eben nur mit 60 Stundenkilometer weiter. Heute kann mir nichts die gute Laune verderben.

Nicht einmal die erste Panne, die meinen Bulli keine vierzig Minuten später lahmlegt. Auf der Autobahn ist mir aufgefallen, dass der Zeiger der Tankanzeige bereits unter dem roten Strich steht. Da ich gelesen habe, dass beim T4 oft die Tankanzeige kaputt ist, hat mich das nicht weiter beunruhigt. Beim Abfahren von der Autobahn aber beginnt der Motor zu stottern und geht dann mitten in der Kurve einfach aus. Mit Müh und Not schaffe ich es zur ersten Haltebucht. Die Tankanzeige ist wohl doch nicht kaputt.

Rotes Kennzeichen

Rote Kennzeichen besitzen nur Händler oder Werkstätten, um nicht angemeldete Fahrzeuge – auch ohne TÜV – überführen oder Probe fahren zu können.

Rot wie die Liebe

Für alle Romantiker unter euch: Ich habe es noch rechtzeitig zum Dinner mit meiner Freundin und ihren Eltern geschafft. An diesem Tag war ich einfach unbesiegbar – keine unhöflichen Autohändler, kaputten Bremsen, nicht funktionierenden Turbolader oder leeren Benzintanks konnten mich aufhalten.

Jetzt fängt die Arbeit erst an

Der Bus steht jetzt erst mal bei der Werkstatt. Der Besitzer soll morgen zurückkommen und macht dann hoffentlich gleich die Schweißarbeiten. Erst danach kann ich selber mit dem Basteln anfangen, und mein Bulli-Projekt geht richtig los.

Bei meiner Frühschicht am Fließband erzähle ich natürlich allen von meinem erfolgreichen Bullikauf. Mit dem Kfz-Meister rede ich über die ganzen Defekte und wie ich sie am besten beheben kann. Als ich ihm von den Schweißarbeiten erzähle, die ich als Erstes in der Werkstatt vornehmen lasse, schaut er mich fragend an.

«Was genau ist denn durchgerostet?», fragt er.

«Auf beiden Seiten der Schweller. Mein Kumpel meinte, das wären tragende Teile, deshalb lasse ich das lieber in der Werkstatt machen.»

«Das sind keine tragenden Teile», antwortet er verdutzt. «Weißt du, was ich machen würde? Schweiß da einfach Bleche drüber. Muss nicht schön aussehen, Hauptsache, der TÜV sieht keinen Rost mehr.»

Ich bin verdutzt. Wenn das stimmt, würde mir das richtig viel Geld sparen. Sicherheitshalber hake ich nach: «Ernsthaft?»

«Nee, wirklich. Brutzel da einfach was drüber!»

Einfach anfangen

Während der Reparatur- und Umbauphase parke ich den Bulli in der Hofeinfahrt unseres Hauses. Wir haben glücklicherweise genügend Platz und meine Eltern nichts dagegen, dass mein noch nicht fahrbereites Gefährt dort parkt beziehungsweise aufgebockt steht.

Da ist er nun: ein weißer, leicht rostiger Bus ohne nennenswerte Bremsen, der nach Regenfällen seinen Glanz verliert. Auch wenn die Bremsen sicher eines der wichtigsten Themen sind, die ich angehen muss, werde ich mich erst einmal mit einfacheren Arbeiten an das Schrauben herantasten.

Radio

Mit dem Bulli auf große Reise gehen ohne passenden Soundtrack im Ohr? Unvorstellbar. Deshalb ist klar, dass ich zuerst ein neues Radio in meinen Bus einbauen werde. Weiterer Vorteil, diese einfache Reparatur als Erstes auszuführen: Ich kann bei allen folgenden Arbeiten, zumindest bei denen im Innenraum, Musik hören.

Radio auswählen

Das Original-VW-Radio ist eigentlich nicht übel, verfügt jedoch nur über ein Kassettenlaufwerk. Das genügt mir nicht, obwohl man es mit einem Adapter für das Handy oder einem FM-Transmitter erweitern könnte. Ich habe mir stattdessen ein Einbauradio-Set speziell für den T4 bestellt. Das Set ist zwar etwas teurer, dafür sind aber auch die passenden Entriegelungsschlüssel und Adapter dabei.

Radio einbauen

Ich schiebe die Entriegelungsschlüssel, die eigentlich nur zwei Metallplättchen sind, seitlich zwischen Rahmen und Radio und kann so das alte Modell herausziehen. Es ist noch mit zwei einzelnen Steckern nach ISO-Standard verbunden und zusätzlich ist die Antenne angesteckt. Das neue Radio verfügt nur über eine einzelne Buchse nach DIN-Norm. Ich stecke den passenden Adapter an die beiden alten Anschlüsse. Dann ziehe ich den alten Einbaurahmen aus der Armatur, schiebe den neuen hinein, sichere ihn durch das Umbiegen einzelner Metallkrampen und schließe das neue Radio an. Jetzt muss ich es nur hineinschieben. Kein Hexenwerk! Und dann muss es auch noch funktionieren. Nachdem ich die Zündung gedreht habe, tut sich erst einmal nichts. Gerade als ich denke, etwas falsch gemacht zu haben, leuchtet das Radio auf und zeigt die Startfrequenz. Aber obwohl ich einen richtigen Sender eingestellt und die Lautstärke hochgedreht habe, höre ich nichts. Sind die Lautsprecher richtig angeschlossen?

Wo sind eigentlich die Lautsprecher?

Beim T4 befinden sich, je nach Ausstattungsvariante, Lautsprecher in den Türen und im Armaturenbrett. Mein Transporter besitzt nur die Hochtöner in der Armatur. Ich öffne die Abdeckung und stelle fest, dass mein Bulli überraschenderweise gar keine Lautsprecher hat! Nicht so tragisch. Ich bestelle neue Lautsprecher und clipse diese an die Kabel in den vorgesehenen Löchern.

Ein weiterer Vorteil des neuen Radios ist das kleine Mikrofon, das man in die Rückseite einstecken kann. Über die A-Säule verlege ich das Kabel nach oben und befestige das Mikrofon an der Sonnenschutzblende. Wenn ich mein Handy nun per Bluetooth mit dem Radio verbinde, kann ich per Knopfdruck am Radio Anrufe entgegennehmen und frei sprechen. Und schon hat mein alter Bulli eine nagelneue Freisprechanlage!

Selber machen und Geld sparen

Meine Eltern haben vor einiger Zeit in der Werkstatt 50 Euro für den Austausch ihres Radios bezahlt. Gerade bei älteren Fahrzeugen lässt sich das Radio in vielen Fällen super leicht selber aus- und einbauen. Ein Versuch lohnt sich!

Toolbox – diese Werkzeuge habe ich verwendet:
Entriegelungsschlüssel (im Radio-Set enthalten)
Schraubenzieher, um die Abdeckung aufzuhebeln

Kosten & Zeitaufwand
ca. 95 Euro – VW T4 Radio-Set mit Zubehör von Pioneer

Arbeitszeit: 30 Minuten

Isolierung

Die rustikale Soundkulisse, die mir bei meiner ersten Fahrt mit dem Bulli aufgefallen ist, liegt auch an der nicht vorhandenen Dämmung. Hinter der Innenverkleidung ist nichts als Luft und Blech. Für weniger Fahrzeuglärm und damit ich in meinem umgebauten Bulli auf der Reise nicht friere, muss der gesamte Bus gedämmt werden. Dafür verwende ich das Dämmmaterial Armaflex. Ich habe 6 m^2 des weichen Kautschuk-Schaums in 19 mm bestellt. Der Bus soll aber nicht nur gedämmt werden, ich will auch die abgeranzte Innenverkleidung austauschen.

Runter mit den alten Klamotten

Die Platten der Innenverkleidung sind mit kleinen Kunststoffnieten befestigt. Mit einem kleinen Akkuschrauber drehe ich die Plastiknupsis heraus. Da das Plastik sehr weich ist, dreht mein Inbus oft durch. Da kommt mir die Idee, einen etwas größeren Torx zu verwenden und diesen mit ein wenig Gewalt in die Niete zu drücken. Und schon funktioniert das Herausschrauben wie am Schnürchen.

Warm verpackt

Die Verkleidungsteile lege ich zur Seite, um sie später zum Maßnehmen für die neue Innenverkleidung zu verwenden. Mit einem Lappen wische ich den jahrzehntealten Staub von den Flächen, auf die ich dann die Isolierung aufbringe. Mit einem Brotmesser aus unserer Küche lässt sich der Kautschuk schnell zuschneiden. Die einfache Konstruktion des Busses macht es mir anschließend richtig leicht, die zugeschnittene Dämmung einzukleben. Nur an der Heckklappe und der Schiebetür sind ein paar nervige Stellen, die ich mit einzelnen kleinen Stücken ausfüllen muss. Schon ist mein T4 isoliert und bereit für Ausfahrten in kältere Gefilde.

Toolbox – diese Werkzeuge habe ich verwendet:
Akkuschrauber
Küchenmesser / scharfes Messer

Kosten & Zeitaufwand:
67,00 Euro für 6 m^2 Armaflex, 19 mm

Arbeitszeit: 4 bis 5 Stunden

Freude am Basteln

Es kommt mir vor, als wäre es schon eine Ewigkeit her, dass ich im stickigen Klassenzimmer saß, dabei sind gerade einmal ein paar Wochen vergangen. Und während ich zu Schulzeiten immer Schwierigkeiten hatte, früh aufzustehen, klingelt mein Wecker jetzt immer um 7 Uhr – und ich stehe mühelos auf. Ich bin nicht einmal müde. Wenn die Sonne durch die Vorhänge blinzelt und einen schönen Septembertag ankündigt, mache ich mir jeden Morgen eine große Portion Müsli. Für mich ist das das Wichtigste am Morgen, um auf Touren zu kommen.

Schraube um Schraube zum Ziel

Ich bin hochmotiviert, mit den Reparaturen an meinem Bulli voranzukommen, und beim Basteln an meinem Wagen vergesse ich alles um mich herum. Ich denke nur an den nächsten Handgriff, der zu erledigen ist, löse Probleme, wenn sie auftauchen, und komme meinem Traum mit jeder eingedrehten Schraube ein Stückchen näher.

Die Arbeit am Bus ist ganz anders als das Lernen für die Schule oder das Schuften am Fließband in meinem Ferienjob. Klar gab es für das Büffeln gute Noten und für das Ackern am Band Geld, aber beim Schrauben an meinem T4 werde ich mit unmittelbaren Ergebnissen belohnt. Das ist unglaublich befriedigend und motiviert mich zugleich, immer weiterzumachen.

Und das ist wohl auch gut so, denn ich stehe ja gerade erst am Anfang meiner Restauration. Richtige Probleme sind noch nicht aufgetaucht. Ich bin jedoch zuversichtlich, dass ich jedes Hindernis überwinden werde, das sich mir auf meinem Weg zu meinem Traumbulli in den Weg stellt. Wir werden sehen, ob mein Optimismus berechtigt ist.

Auf die Ohren

Viele Arbeiten am Bulli, wie Schweißen und Flexen, sind mit Lärm verbunden. Statt sich wie ich zerkaute Taschentuchfetzen in die Ohren zu stecken, lieber Geld in einen guten Gehörschutz investieren. Dann hörst du beim Cruisen mit deinem fertigen Bulli auch deine Lieblingsmusik noch.

Rost

Wer sich für einen alten VW-Bus entscheidet, bekommt beim Kauf neben nostalgischem Retro-Charme meist noch eine andere, weniger schöne Erscheinung der Zeit umsonst mit dazu: Rost.

Einfach «drüberbraten» oder doch nicht?

Für kleine Roststellen eignet sich die Methode des «Drüberbratens», wie mein Kollege vom Fließband es salopp genannt hat. Bei ihm klang das so einfach, dass ich völlig unbedarft an die Sache mit dem Rost herangehe.

Die größte Roststelle hat mein Bulli rechts am Einstieg der Beifahrertür. Hier ist alles komplett durchgerostet. Anscheinend ist diese Stelle besonders häufig von Rost betroffen, weil sich Schotter auf der Straße immer am rechten Fahrbahnrand sammelt und dort vom Reifen in den Radlauf geschleudert wird.

Einfach ein Blech darüberschweißen kommt für mich nicht in Frage, also greife ich zur Flex. Es fühlt sich falsch an, in die Karosserie zu sägen, aber eine andere Möglichkeit gibt es nicht. Ich schneide den Rost so gut wie möglich weg. Nach dieser «brutalen» Arbeit ist das Loch sogar doppelt so groß wie vorher. Nachdem ich das neue Blech eingeschweißt habe, verpasse ich allem noch eine ordentliche Schicht Metallschutzlack. Das Ganze sieht zwar nicht aus wie vom Kfz-Meister, aber ich bin trotzdem stolz, wie ich das neue Blech über das Rostloch gebrutzelt habe. Und das Wichtigste: Das neue Blech erfüllt seinen Zweck und dürfte eine Weile halten.

Von innen, außen, oben und unten

Die Rostarbeiten muss ich sowohl von innen am Einstieg als auch von außen im Radlauf machen und den Wagen dafür aufbocken. Nachdem der Bulli oben ist, löse ich mit einem Radschlüssel die Radschrauben. Doch egal wie sehr ich drücke und ziehe, selbst als ich mich mit beiden Füßen auf das Ende des Schlüssels stelle, geschieht nichts. Die Radmuttern bewegen sich keinen Millimeter. Ärgerlich. Durch das Aufbocken ist aber recht viel Platz zwischen Reifen und Radhaus entstanden, und ich entschließe mich, die rostige Stelle ohne Demontage des Rades zu bearbeiten. Das Radhaus bildet zudem eine glatte Fläche, was das Arbeiten mit der Flex und dem Schweißgerät einfacher macht. Am Ende sieht die Stelle zwar etwas uneben aus, aber nachdem ich sie zum Schutz vor künftigen Steinschlägen mit Metallschutzlack bepinselt habe, bin ich zufrieden.

Richtig aufbocken

Zum Aufbocken des Bullis niemals den Wagenheber aus dem Bordwerkzeug – also der für Reifenpannen – verwenden. Dieser setzt an einer sehr schwachen Blechkante an, die sich durch das Heben verbiegen kann. Immer einen Wagenheber benutzen, der an einem der Querträger ansetzt.

Tipp – Vorsicht, Strom!

Vor dem Schweißen unbedingt die Batterie abklemmen, da der Minuspol der Batterie an die Karosserie angeschlossen ist, über die beim Schweißen sehr starker Strom fließt. Ihr könnt sonst eventuell eure Batterie toasten!

Toolbox – diese Werkzeuge habe ich verwendet:
Flex
Schweißgerät
Schutzbrille
Radschlüssel
Pinsel für Metallschutzlack

Kosten & Zeitaufwand
ca. 35 Euro/750 ml – Metallschutzlack
10 Euro – 1,5 mm starkes Reparaturblech

Arbeitszeit: als Laie 3 bis 4 Stunden

Verkleidung

Ich liebe Baumärkte. Auch wenn ich jedes Mal ein bisschen ärmer bin, wenn ich die Ausgangstür hinter mir lasse. Den Duft von frisch zugeschnittenem Holz noch in der Nase, lade ich Ende September meine neuen Teile, die meine Innenverkleidung werden sollen, in den Kofferraum.

Millimeterarbeit

Holzzuschnitte sind ganz schön teuer, aber absolut notwendig. Damit die neuen Platten für die Innenverkleidung genau passen, hatte ich die alten exakt ausgemessen und mir die Maße notiert. Und das waren wirklich seltsame Zahlen, zum Beispiel 75,41 Zentimeter. Das fand auch der Baumarktmitarbeiter beim Zuschnitt. «Ach, du meine Güte», murmelte er, als er sich mit meinen weißen 3-mm-MDF-Platten und dem Zettel mit meinen Zuschnittswünschen an die Arbeit machte.

Ruckzuck verkleidet

Zu Hause lege ich die neuen Platten genau über die alten und sehe, dass der Baumarktmitarbeiter wirklich hervorragende Arbeit geleistet hat. So kann ich die Löcher für die Nieten exakt an den gleichen Stellen bohren.

Die neuen Panels lassen sich super easy im Bus fixieren. Einfach in Position bringen, Nieten lose reinstecken und mit dem Hammer befestigen. Da einige der Plastiknieten bei der Demontage zerbrochen sind, habe ich mir neue über eBay bestellt. Das war gar nicht teuer.

Nur die Montage der neuen Innenverkleidung an der Decke gestaltet sich etwas schwieriger. Es ist nicht so einfach, die Platten gleichzeitig zu halten und sie mit den Clips zu befestigen.

«Kann man dir helfen?», tönt es in diesem Moment durch die Heckklappe.

Jasmin steht in der Tür und schaut mich erwartungsvoll an. Es ist das erste Mal, dass sie den Bus sieht, und sie findet ihn auf Anhieb genauso toll wie ich.

Ihr Hilfsangebot nehme ich dankend an, und zu zweit sind die Deckenplatten ruckzuck angebracht. Stolz führe ich Jasmin nach getaner Arbeit um den Bus herum und präsentiere ihr alle Stellen, die ich geschweißt habe. «Sieht professionell aus», lautet ihr Urteil.

Und auch wenn sie von Autoreparaturen keine große Ahnung hat, freue ich mich über diese Aussage. Zum Dank bekoche ich Jasmin mit einem leckeren Abendessen.

Dem Himmel so nah

Am nächsten Morgen kümmere ich mich um den Himmel im Fahrerhaus, der hängt voller Panzertape, mit dem lose Stücke notdürftig festgeklebt wurden. Da er aus porösem, festem Schaum besteht, der mit Stoff bespannt ist, habe ich den neuen Himmel bislang sicher verpackt im Karton gelassen. Mein neuer Himmel ist im Grunde auch ein alter Himmel und stammt auch aus einem Bus von 1996. Aber er ist in hervorragendem Zustand.

Ich reiße den alten Stoff heraus und demontiere die Verkleidung der A-Säule und der Strebe am Dach. Nach dem Entfernen der Sonnenblenden kann man die Reste des Himmels einfach herausnehmen und den neuen mit den Arbeitsschritten in umgekehrter Reihenfolge einsetzen. Dabei sollte man sehr vorsichtig arbeiten, um den neuen Himmel nicht zu beschädigen.

Toolbox – diese Werkzeuge habe ich verwendet:
Hammer
Akkuschrauber mit verschiedenen Bits

Kosten & Zeitaufwand
50 Euro – MDF-Platten, 3 mm
50 Euro – neuer gebrauchter Himmel

Arbeitszeit: 1 bis 2 Tage. Am zeitaufwendigsten ist das Zusägen der Verkleidungsteile.

Helfende Hände

Dass Jasmin vorbeikam und mir geholfen hat, die Deckenplatten zu montieren, war ein echter Glücksfall. Normalerweise schraube ich alleine an meinem Bulli herum und bin damit auch ganz zufrieden. Ich möchte sogar so viel wie möglich alleine machen, weil sich das für mich irgendwie richtig anfühlt. Mein Traum, mein Bus, meine Arbeit. So einfach ist das.

Aber natürlich freue ich mich, dass ich eine Freundin habe, die so viel Verständnis für meine eigenbrötlerische Bastelei übrig hat. Wir sind zwar noch nicht so lange zusammen, aber bisher hat sie meinem Traum vom eigenen Bulli immer viel Verständnis und Begeisterung entgegengebracht. Sie hat mich bei der gesamten, oft frustrierenden Suche nach dem perfekten Wagen unterstützt und sich nach dem Kauf fast genauso sehr gefreut wie ich.

Pferdestärken

Glücklicherweise hat Jasmin auch jede Menge eigene Hobbys, die ihre Zeit in Anspruch nehmen. Ihr Pferd zum Beispiel, das ist auch ganz schön zeitintensiv. Ihre Mutter meinte schon, dass ein anderes Mädchen mir schon lange auf das Bullidach gestiegen wäre, so viel Zeit, wie ich mit dem Wagen verbringe. Ich könne mich ganz schön glücklich schätzen. Und das tue ich auch.

Gleichzeitig ist es gut, dass Jasmin mich hin und wieder von der Autobastelei ablenkt, sonst würde ich vermutlich nichts anderes tun. Jedes Mal, wenn wir gemeinsam durch den Wald laufen oder ich mit meinem Mountainbike neben ihrem Pferd herjage, merke ich, wie gut mir die körperliche Bewegung und die frische Luft tut. So tanke ich neue Energie, um mein Projekt fortzusetzen. Ich bin schon ein Glückspilz.

Schrauben

Seit meinem gescheiterten Versuch, vor dem Schweißen der Roststellen die Radschrauben zu lösen, habe ich mich vor diesem Problem gedrückt. Aber es führt kein Weg daran vorbei, ich muss diese Radschrauben lösen.

Es gibt mehrere Tricks, um festsitzende Schrauben zu lösen:

Kriechöl
Am besten bringt man Kriechöl schon am Tag vorher auf und lässt es einwirken.

Hitze
Mit einem Heißluftföhn die Schrauben erhitzen. Durch die Temperaturänderung arbeitet das Material, was dazu führen kann, dass sich die Schraube lösen lässt. Bei Bedarf mehrmals wiederholen und/oder dazu Kriechöl verwenden.

Hebel
Die ersten zwei Tipps haben in meinem Fall nicht geholfen, keine der Radschrauben hat sich gelockert. Also nehme ich ein großes Eisenrohr und schiebe es als Hebel über den Schlüssel.

«Gib mir einen Hebel, der lang genug ist, und ich bewege die Erde mit einer Hand», sagte bereits Archimedes. Und der musste es ja wissen. Ich ziehe am Ende der Stange. Als ich denke, das Ende meiner Kräfte erreicht zu haben, knallt es zwei Mal. Erschrocken schaue ich nach, ob die Schraube oder der Schlüssel gebrochen sind. Nichts. Ich drehe weiter. Die Schraube knallt noch ein paar Mal, aber leiser. Bei jedem Knall löst sich eine kleine Roststaubwolke um die Schraube herum. Dann kann ich die Schraube endlich mit der Hand lösen. So ergeht es mir mit jeder einzelnen Schraube. Ich bin ziemlich fertig, als ich alle Schrauben gelöst habe, und gönne mir erst einmal ein Glas Cola.

Toolbox – diese Werkzeuge habe ich verwendet:
Radschlüssel
Rohr als Hebel
Heißluftföhn
Kriechöl

Kosten & Zeitaufwand
5 Euro – Kriechöl

Arbeitszeit: Bei mir fast 2 Stunden, weil die Schrauben so fest saßen. Ansonsten nur ein paar Minuten.

Ersatzteile

Keine Ahnung, ob es so viele Ersatzteile für den VW T4 gibt, weil er so beliebt ist, oder ob der Bulli so beliebt ist, weil es so viele Ersatzteile gibt. Auf jeden Fall findet man im Netz wirklich viele Teile, um selbst an seinem Bulli zu schrauben.

Gebraucht, in Top-Zustand

Während meiner Restaurierung durchsuche ich fast täglich den Onlinehandel nach neuen und gebrauchten Teilen für meinen Bus und mache dabei wirklich tolle Schnäppchen. Zum Beispiel mein Himmel für die Fahrerkabine, der aus einem Original T4 von 1996 stammt – in Top-Zustand für nur 50 Euro.

Es gibt Leute da draußen, die einen ganzen Bus in seine kleinsten Bestandteile zerlegen und diese dann einzeln verkaufen. Sicher eine Menge Arbeit, aber es scheint sich ja zu rechnen.

Vergleichen lohnt sich

Wenn ich nach gebrauchten Ersatzteilen suche, ist eBay oft meine erste Anlaufstelle. Dort gibt es einen großen Markt für Bulli-Bastler. Bei neuen Teilen lohnt es sich, verschiedene Anbieter zu vergleichen. Originalteile sind natürlich meistens am teuersten. Die Preisspanne bei einzelnen Produkten kann sehr groß sein. Da muss man ganz genau darauf achten, um welches Teil es sich handelt.

Mein Cousin hat mir zum Beispiel dringend von billigen Bremsscheiben-Sets für 100 Euro abgeraten. Das ist zwar für den Moment günstig, aber sie haben auch keine lange Haltbarkeit. Am Ende habe ich tatsächlich 200 Euro für alle Bremsscheiben ausgegeben. Damit bin ich immer noch um einiges preiswerter gefahren, als wenn ich für die Bremsen in die Werkstatt gegangen wäre.

Es gilt immer zu überlegen: Wofür brauche ich das Teil, und wie lange soll es halten.

Baumarkt

Der Baumarkt, dein Freund und Helfer. Eine ganz schön teure Freundschaft ist das allerdings. Ich habe in den letzten Wochen schon Unsummen dort gelassen, und es ist noch kein Ende in Sicht. Kaum betrete ich die großen, nach Holz, Farbe und Mörtel riechenden Hallen, kann ich sicher sein, dass ich nicht mit leeren Händen hinausspaziere. Natürlich fahre ich nur in den Baumarkt, wenn ich dringend etwas brauche, und trotzdem lasse ich immer mehr Geld dort als geplant. Das ist allerdings nicht weiter schlimm, da ich am Ende wirklich nur Dinge kaufe, die ich auch gebrauchen kann.

An der Kasse spielt sich dann immer die gleiche Szene ab, was mich zum Schmunzeln bringt:

Kassiererin: «Haben Sie eine Kundenkarte?»

Ich: «Nein.»

Kassiererin: «Möchten Sie eine?»

Ich: «Nein.»

Beim zehnten Besuch habe ich immer noch keine Kundenkarte, obwohl das vielleicht wirklich eine gute Idee gewesen wäre. Als die Kassiererin und ich unsere übliche Kundenkarten-Szene spielen, hält sie nach meinem ersten Nein plötzlich inne, wird leicht rot und meint: «Ab jetzt merke ich es mir, versprochen!» Ich muss lachen und verspreche meinerseits, dass ich wirklich über die Anschaffung einer Kundenkarte nachdenken werde.

Praktischerweise liegt der Baumarkt nur eine kurze Autofahrt von unserem Haus entfernt, so ist es kein Problem, wenn ich beim Arbeiten bemerke, dass etwas fehlt. Ich hüpfe einfach schnell in den Opel meiner Eltern oder schnappe mir das Fahrrad und düse rüber. Diese ungeplanten Pausen sind manchmal ganz gut, um etwas Abstand zu meinem Projekt zu bekommen und danach – mit neuem, besserem Equipment – frisch motiviert weiterzumachen.

Schweller

Schweller klingt irgendwie lustig. Vermutlich heißt er so, weil er eine Tritt-Schwelle bildet. Mit Anschwellen hat der Schweller jedenfalls nichts zu tun. Dieser Gedanke kommt mir, als ich mir meinen vollkommen durchgerosteten Schweller anschaue. Übrigens ein sehr verbreitetes Problem beim T4.

Der Schweller hat die Form eines länglichen Rohres und besteht eigentlich aus zwei Schalen, die zusammengeschweißt werden. Wie immer gibt es eine sehr große Preisspanne für Ersatzteile. Da ich überhaupt nicht weiß, ob ich es hinkriege, die Teile richtig einzuschweißen, bestelle ich mir die billigsten Schalen für 20 Euro das Stück.

Funkenflug

Der Bus lässt sich vorne recht gut aufbocken, indem man einfach große Holzblöcke unter den vorderen Querträger stellt. Ich habe großen Respekt vor dem Gewicht des Busses und möchte nicht, dass er herunterfällt, deshalb sichere ich ihn besonders gründlich. Wovor ich auch Respekt habe, ist, den ganzen Schweller herauszuschneiden. Der Gedanke, dass er kein tragendes Teil ist, sondern nur Optik, beruhigt mich ein wenig.

Ich zeichne die Stellen, an denen ich das Material durchtrennen will, an. So vermeide ich, mehr Material wegzuschneiden, als die Ersatzbleche hergeben. Ich rücke meine Schutzbrille zurecht und stoße die Trennscheibe in die Karosserie. Die Funken fliegen und die Flex schneidet durch den

Schweller wie durch Butter. Ich setze den letzten Schnitt, und das gesamte Teil fällt einfach herunter. Rums.

Schwebende Tür

Ohne Schweller schwebt die Tür in geschlossenem Zustand einfach in der Luft. Das sieht echt witzig aus, kann aber natürlich nicht so bleiben. Ich schneide also das neue Blech zurecht, sodass es sauber in das Loch passt. Das ist ein langwieriger Prozess, da ich das Reparaturblech immer wieder mit der Lücke abgleiche, noch ein kleines Stück abschleife, wieder vergleiche und so weiter, bis es endlich passt. Keinen Schimmer, ob es dafür auch eine elegantere Methode gibt. Meine Variante hat zwar ewig gedauert, aber immerhin funktioniert.

Die beiden Hälften verbinde ich, indem ich viele einzelne Löcher entlang der Verbindungsnaht bohre, wo die Schalen aufeinander stoßen, und diese dann punktverschweiße.

Ich fühle mich wie ein Künstler, der eine Skulptur erschafft. Am Ende sind die Nähte zwar etwas kantig, aber sonst sieht alles so aus, wie es soll.

Klemmende Tür

Zum Schluss versuche ich, die Tür zu schließen. Die ging mal leichter zu. Leider ist das Spaltmaß der Tür echt nicht gut geworden. Hinten beträgt es mindestens einen Zentimeter. Vorne berührt die Tür den Schweller, weshalb sie so schwer zu geht. Was für ein Mist.

Muss ich jetzt alles noch mal machen? Mir kommt eine Idee. Aber ist es auch eine gute? Egal. Ich greife wieder zur Flex und schleife die Tür an der Stelle ab, an der sie den

Schweller berührt. Brutal, aber jetzt passt das Ganze. Mit Karosseriespachtel perfektioniere ich die Übergänge und streiche anschließend alles mit Metallschutzlack. Wenn man nicht darauf achtet, fällt der kleine Farbtonunterschied kaum auf.

Toolbox – diese Werkzeuge habe ich verwendet:
Flex
Schweißgerät
Schutzbrille
Karosseriespachtel
Metallschutzlack

Kosten & Zeitaufwand
40 Euro – für zwei Schweller-Schalen
5 Euro – für ein paar Trennscheiben

Arbeitszeit: 2 Tage

Bremsen

Bremsen sind ein heikles Thema. Eigentlich wollte ich mir dafür Hilfe von meinem Freund Manu holen, aber der hat momentan leider keine Zeit. Also frage ich meinen Kfz-Mechaniker-Cousin Martin um Rat. Er meint, dass ich bei den Bremsen auf keinen Fall sparen soll. Also bestelle ich die Bremsscheiben und Beläge für 200 Euro. Außerdem brauche ich laut Martin ein Rückstellwerkzeug für die hinteren Bremsen, da ich sonst wohl den Bremskolben nicht zurückdrücken und gleichzeitig drehen kann. Klingt interessant.

Hilfe aus dem Netz

Für mich war von Anfang an klar, dass ich mein Projekt mit der Kamera begleiten werde. Hauptsächlich zur Dokumentation, damit ich es mir hinterher selbst noch einmal anschauen kann, aber warum sollte ich meine Videos nicht auch auf YouTube stellen? Mein letztes YouTube-Video zur Bastelei am Bus haben sich schon über 10 000 Leute angesehen. Das ist wirklich der Wahnsinn. Einer davon ist Tobi, ein Kfz-Mechatroniker, der mich angeschrieben und mir seine Hilfe angeboten hat, sollte ich sie mal brauchen. Jetzt gerade kann ich sie tatsächlich gebrauchen. Spontan schreibe ich Tobi und frage ihn, ob er Lust hat, mir bei den Bremsen zu helfen. Hat er. Perfekt.

Abends im Bett kommt mir eine Idee: Wäre es nicht witzig, die Bremssättel in Rot zu lackieren wie bei einem Sportwagen? Ich finde: ja. Am nächsten Morgen fahre ich schon um 8 Uhr in den Baumarkt. Neben rotem Bremssattellack kaufe ich Kupferpaste, um die Kontaktflächen der Bremsscheibe zu fetten, und einen 7er-Inbusschlüssel. Das ist eine Größe, die eigentlich nie bei Sets dabei ist, mit der aber die Bremsscheibe am Radlager befestigt ist.

Abgefahrene Bremsen

Der Bremssattel gleitet auf zwei Führungsschrauben, die leicht zu entnehmen sind, da sie mit keinem hohen Drehmoment angezogen sind. Das gilt auch für die Halteschraube der Bremsscheibe. Was mich überrascht, ist das Gewicht der Bremsscheiben, ganz schön schwer. Und die alten Bremsscheiben sind deutlich dünner als die neuen. Der Austausch ist also bitter nötig.

Mit einer einfachen Schraubzwinge drücke ich die Bremskolben zurück. Anschließend wird mit einer Drahtbürste der Bremssattel gereinigt. Ich schleife ihn außerdem an, um ihn lackieren zu können. Nachdem ich den ganzen Radkasten mit Zeitungspapier ausgekleidet habe, wird lackiert. Der Lack ist extrem deckend, und nach nur einer Schicht erstrahlen meine Bremssättel in sportlichem Rot. Die neuen Bremsbeläge sind schnell eingesetzt und werden mit kleinen Halteblechen fixiert. Anschließend kann man den Bremssattel einfach wieder über die Bremsscheibe schieben und mit zwei Schrauben fixieren.

Teamwork

Am Nachmittag kommt Tobi vorbei. Obwohl ich nicht unbedingt klein bin, überragt er mich um eine ganze Kopfgröße. Der Anfang ist einfacher als gedacht: Das Handbremsseil ist wirklich nur ein Kabelzug mit einer Kugel am Ende, die an einem kleinen Hebel eingehängt ist. Die Bolzen, mit denen der Bremsenträger befestigt ist, sind allerdings eine kleine Herausforderung. Ich habe mir extra Eis-Rost-Spray gekauft. Dieses kühlt die Schraube stark herunter und enthält gleichzeitig ein starkes Kriechöl. Ich habe zumindest das Gefühl, dass es funktioniert. Einen weiteren Trick verrät mir Tobi: Manchmal hilft es auch, wenn man dem Schraubenkopf ein paar Hiebe mit dem Hammer verpasst.

Toolbox – diese Werkzeuge habe ich verwendet:

Rückstellwerkzeug
7er Inbusschlüssel
Kupferpaste
Schraubzwinge
Drahtbürste
Schleifgerät
Drehmomentschlüssel
Rostlöser-Spray
Hammer

Kosten & Zeitaufwand für diese Reparatur

ca. 200 Euro – Bremsscheiben mit Belägen vorne und hinten
ca. 20 Euro – Bremssattellack
ca. 10 Euro – Kupferpaste
ca. 10 Euro – Rostlöser-Spray

Arbeitszeit: Als Laie 2 Tage.

Kaufangebote

Es war toll, zu zweit am Bus zu schrauben. Die Reparatur hat deutlich kürzer gedauert, als wenn ich alleine daran herumgewerkelt hätte. Und beim Schrauben nebenher ein bisschen zu quatschen, war auch eine nette Abwechslung. Dennoch habe ich mich abends komischerweise schon darauf gefreut, am nächsten Tag wieder alleine zu arbeiten.

Zu verkaufen?

An meinem Bus sind erstaunlicherweise auch ganz schön viele andere Leute interessiert. Das zeigt sich nicht nur an den vielen Zuschauern, die meine YouTube-Videos anschauen, sondern auch an den vielen Kaufangeboten, die ich ständig bekomme. Bereits bei der Überführungsfahrt meines Bullis zu meinen Eltern wurde ich an der Tankstelle von fünf jungen Männern angesprochen, ob mein Wagen zu verkaufen sei. Als ich antwortete, dass ich ihn gerade erst für 2000 Euro gekauft habe, wirkten sie fast ein bisschen neidisch.

Und heute steckte schon wieder ein Zettel am Scheibenwischer meines T4 in der Auffahrt. «Ich habe großes Interesse an Ihrem Auto. Rufen Sie mich bitte an», stand darauf. Als ich Jasmin bei unserer Joggingrunde davon erzähle, meint sie nur lachend: «Krass, scheint ja echt begehrt zu sein, dein Bus.» Das kann ich total verstehen, ich wollte ja auch unbedingt einen VW T4.

Unterdruckschläuche

Es ist unglaublich, was bei so einem Bus alles mit Unterdruck funktioniert. Eine Vielzahl an Ventilen, Unterdruckdosen und Schläuchen ziehen sich quer durch den Motorraum und beeinflussen maßgeblich die Fahreigenschaften.

Rote Rennsport-Schläuche

Dass die dünnen Schläuche, die vom Hauptstrang abgehen, schon sehr porös sind, wusste ich. Es ist ein bekanntes Problem, dass die textilummantelten Kunststoffschläuche mit der Zeit undicht werden und für ein sehr müdes Fahrverhalten sorgen. Die Alternative sind Silikonschläuche, die auch im Rennsport zum Einsatz kommen. Ich habe mir fünf Meter davon bestellt. Natürlich in Rot.

Um mir zu merken, welcher Anschluss zu welchem Schlauch gehört, entferne ich immer nur einen Schlauch, fotografiere die Anschlussstellen mit meinem Handy, schneide den neuen Schlauch passend zu und stecke ihn wieder an.

Echt gerissen

Ich starte den Motor, um zu testen, ob nicht doch die ganze Pumpe kaputt ist. Dabei lasse ich einen Schlauch nur in der Pumpe eingesteckt. Obwohl der Bus lange nicht bewegt wurde, springt er zuverlässig an. Bei geöffneter Motorhaube lausche ich dem Motorkonzert, das sich aus lautem Quietschen, Wummern und Brummen zusammensetzt. Irgendwo in dieser Kakophonie nehme ich ein leises Zischen wahr. Es klingt, als käme es vom Hauptschlauch des Unterdrucksystems. Ich biege den Schlauch ein wenig hin und her, und er rutscht einfach auseinander. Genau an einer Verbindungsstelle, die man vorher schlecht gesehen hat, zieht sich ein langer Riss durch den harten Kunststoff. Jetzt muss ich nur noch einen neuen Schlauch bestellen und diesen unten und oben feststecken. Fertig.

Geistesblitz Teilenummern

Aber so einfach macht es mir der Schlauch nicht. Das Problem ist, dass ich online nichts finde. Ich suche nach «T4 Unterdruckschlauch» oder «Bremskraftverstärker Schlauch T4». Doch nirgendwo finde ich ein passendes Teil. Da kommt mir ein Geistesblitz: Teilenummern. Jedes Teil am Auto hat eine Nummer. Hat man die Nummer, findet man auch das passende Teil. Leicht vergilbt, aber mit der Taschenlampe noch zu erkennen, finde ich die Nummer auf meinem kaputten Schlauch. Und mit dieser finde ich dann auch schnell das passende Ersatzteil im Netz.

Der Schlauch ist endlich angekommen. Ich krieche unter meinen aufgebockten Bus und kann die große Blechwanne, die den Motor unten abdeckt, lösen. Es ist ein bisschen gruselig, die Schrauben der Wanne zu lösen, während ich direkt darunter liege. Tatsächlich wiegt die Wanne aber fast nichts. Also kein Problem. Schnell ist der neue Schlauch aufgesteckt.

Test bestanden

Wie überprüfe ich nun, ob die Bremsen wirklich funktionieren? Ich habe recherchiert und einen einfachen Trick gefunden: Der Bremskraftverstärker funktioniert über eine große Membran, die vom Unterdruck angesaugt wird. Bei angeschaltetem Motor bewegt man diese Membran durch das Durchdrücken des Bremspedals nach hinten. Mit dem Fuß auf dem Pedal stehend startet man dann die Maschine. Gibt das Bremspedal deutlich nach, funktioniert der Verstärker einwandfrei. So auch bei mir. «Geil!», juble ich.

Toolbox – diese Werkzeuge habe ich verwendet:
Handy
Scharfes Messer

Kosten & Zeitaufwand
ca. 5 Euro / Meter – Unterdruckschlauch Innendurchmesser 4 mm, rot
35 Euro – Original Unterdruckrohr VW

Arbeitszeit: 4 Stunden

Ölwechsel und Luftfilter

Ich habe großen Respekt vor dem Ölwechsel. Nicht nur wegen der Reparatur selbst. Ein Tropfen Öl kann circa 600 bis 1000 Liter Wasser verunreinigen. Deshalb ist es wichtig, vor dem Ölwechsel eine große Ölauffangmatte unter das Auto zu legen.

Die Preise für Motoröl sind im Einzelhandel wirklich sehr hoch. Online findet man günstigere Angebote. Am Ende zahle ich zwölf Euro für sechs Liter Original Shell-Öl. Dazu habe ich noch eine neue Ölablassschraube, einen neuen Ölfilter und einen Ölfilterschlüssel gekauft.

Widerspenstige Schraube

Als Erstes lasse ich den Motor warm laufen und schalte ihn dann wieder ab. Letzteres nicht vergessen! Dann krieche ich unter den Motor und stelle einen Eimer unter den Ölablass. Eigentlich sollte es nicht schwer sein, die Ölablassschraube zu öffnen. Doch die Schraube will sich einfach nicht drehen. Langsam werde ich wütend. Ich stemme mich mit aller Kraft in den Schlüssel und – klonk! – springt die Nuss von der Schraube und knallt mir samt dem großen Schlüssel auf die Stirn. Scheiße, das blutet.

Mein Cousin Martin rät mir, es mit einem Ringschlüssel zu versuchen. Also erst mal wieder zum Baumarkt.

Mit dem Ringschlüssel in der Hand radle ich nach Hause und lege mich wieder unter den Bus. Jetzt kann ich mit voller Kraft mit dem Hammer ausholen. Peng. Peng. Peng. Nichts. Was ist mit dieser Schraube los? Festgerostet kann sie nicht sein, die Motorwanne ist aus Aluminium. Und wäre sie so fest angezogen, hätte ich eigentlich das Gewinde herausreißen müssen. Ich bin genervt und weiß nicht weiter.

Auf andere Gedanken kommen

Wenn man nicht weiterkommt, ist es gut, sich nicht zu verbeißen, sondern mit etwas anderem weiterzumachen. Oft kommt einem die rettende Idee dann ganz nebenbei. Ich wollte heute sowieso mit Jasmin eine Runde im Wald drehen, sie auf dem Pferd, ich auf dem Bike. Und während wir nebeneinander durch den Wald jagen, kommt mir tatsächlich eine Idee.

Doch noch Ölwechsel

Wenn ich nicht stark genug bin, dann vielleicht jemand anderes. Zum Beispiel mein Wagenheber. Ich nehme den großen Drehmomentschlüssel und setze ihn an die festsitzende Schraube an. Der Wagenheber kommt an das Ende. Ich vergewissere mich, dass ich in die richtige Richtung drehe. Dann pumpe ich den Heber hoch. Jetzt gibt es nur noch zwei Möglichkeiten: entweder es funktioniert oder es gibt ein riesiges Desaster. Vorsichtig drücke ich ihn noch ein Stück hoch. Knack. Ein gutes Knack, kein Die-Schraube-ist-gebrochen-Knack. Ein Griff bestätigt: Ich kann die Schraube ganz einfach mit der Hand herausdrehen. Schnell ziehe ich den Eimer her und lasse das Öl ab. Der Ölfilter ist schnell gewechselt und frisches Öl ruckzuck nachgefüllt.

Luftfilter wechseln

Jetzt noch den Luftfilter tauschen, damit mein Auto bei der Abgasuntersuchung ein positives Ergebnis erzielt. Der Luftfilter sieht wie ein mehrfach gefaltetes Papier mit einer Gummidichtung aus. Ich habe den Luftfilter zusammen mit einem weiteren Filter, der für die Luft im Innenraum zuständig ist, günstig im Set gekauft. Beide sind wirklich leicht zu tauschen: Die Kästen, in denen die Filter sitzen, sind nicht einmal verschraubt. Klappe auf, Filter rein, Klappe zu!

Toolbox – diese Werkzeuge habe ich verwendet:
Ringschlüssel
Wagenheber
Ölauffangmatte
Eimer

Kosten & Zeitaufwand
ca. 12 Euro – Motoröl von Shell (6 Liter)
ca. 15 Euro – Ölfilter
ca. 6 Euro – Ölablassschraube
ca. 15 Euro – Ölfilterschlüssel
ca. 25 Euro – Luftfilter-Set für T4

Arbeitszeit: Normalerweise ein paar Stunden.
Bei mir 3 Tage, um die Ölablassschraube zu öffnen.

Dem TÜV so nah

Nachdem jetzt alle Mängel beseitigt sind, steht dem TÜV eigentlich nichts mehr im Wege. Außer vier total runtergefahrenen Reifen. Für mich kommen nur Ganzjahresreifen in Frage, da ich keinen zweiten Felgensatz habe und mir auch keinen kaufen will. Beim Reifenhändler um die Ecke kostet der Reifen 100 Euro. Das wären dann insgesamt 400 Euro. Zu teuer. Also bestelle ich im Internet vier neue Reifen für 50 Euro das Stück.

Das Aufziehen der Reifen kann ich nicht selber übernehmen, das muss ich der Werkstatt überlassen. Die machen das direkt vor der TÜV-Prüfung, also lege ich die neuen Reifen hinten in meinen Bus. Die Werkstatt stellt mir auch rote Nummernschilder zur Verfügung, damit ich meinen Bus überhaupt zur Prüfung in die Werkstatt fahren kann.

Erste Fahrt mit dem neuen alten Bulli

Knapp zwei Monate habe ich nun für alle Reparaturen gebraucht. Ich kann es noch gar nicht fassen. Jetzt ist der große Tag der Offenbarung. Seit ich mit dem Bus vor acht Wochen in unserer Einfahrt angekommen bin, wurde er nicht mehr bewegt.

Ich bin total gespannt, wie er sich nach all den Reparaturen fährt. Und ob die Bremsen wirklich funktionieren. Mein großer Bruder Jens begleitet mich auf meiner zweiten Jungfernfahrt. Natürlich fahre ich nicht auf direktem Weg zur Werkstatt, sondern mache einen kleinen Umweg, um meinen neuen alten Bulli zu testen.

Der Turbo ist definitiv lauter zu hören als beim letzten Mal. Keine Ahnung, ob das ein gutes Zeichen ist. Dann kommt die erste Kreuzung. Ich bremse und ... der Bus bremst. Meine Begeisterung darüber kann mein Burder nicht richtig nachvollziehen, aber er hat ja auch nicht erlebt, was für ein Kraftakt das Bremsen auf der ersten Fahrt war.

Härter als das Abitur

Bei der Werkstatt angekommen, bin ich total aufgeregt. Aufgeregter als vor meinem Abitur. Ich habe für meinen Bulli aber auch noch mehr gearbeitet als für das Abi. Ich überreiche dem Mechaniker die Schlüssel und verlasse ohne Bus die Werkstatt. Jetzt wird sich zeigen, ob meine vielen Stunden Arbeit und das Geld, das ich investiert habe, sich auszahlen. Am Abend weiß ich Bescheid!

Der Nachmittag zieht sich wie Kaugummi, und ich versuche mich irgendwie abzulenken. Ich schneide ein neues Video, aber kann mich nicht konzentrieren. Dann treffe ich mich mit Freunden auf der Moutainbikestrecke im Wald. Das hilft. Natürlich reden wir auch über meinen Bus, aber im Großen und Ganzen stempeln wir unseren selbstgebauten Hometrail herunter. Da ist keine Zeit für irgendwelche anderen Gedanken.

Auf nach Hamburg

Zum Abschied erzähle ich meinem Freund Hagen noch, welche Fahrt ich nach dem bestandenen TÜV als Erstes geplant habe. Es soll von Stuttgart nach Hamburg gehen, wo ich Nino besuchen will. Ich kenne ihn über YouTube, und wir haben in letzter Zeit viel geschrieben und viele Gemeinsamkeiten entdeckt. Er hat mir angeboten, beim Einbau der Zentralverriegelung und der Zweitbatterie zu helfen. Das ist klasse, und ich bin mir sicher, dass wir zusammen viel Spaß haben werden.

Wieder zu Hause, sehe ich, dass der Anrufbeantworter blinkt. Noch in Fahrradklamotten höre ich die Nachricht ab: «Bosch Car Service Rechtesch hier. Guten Tag Herr Ochsenmeier, ich habe Neuigkeiten zu Ihrem VW-Bus. Bitte rufen Sie mich schnellstmöglich zurück.»

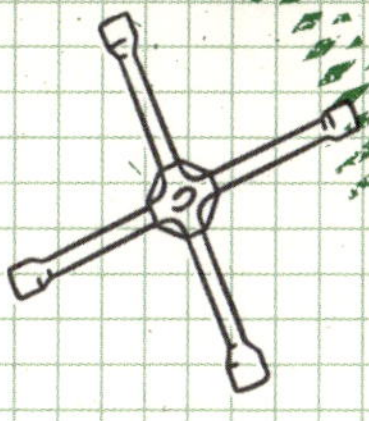

Nach dem TÜV ist vor dem TÜV

Nicht bestanden

Ich wähle die Nummer der Werkstatt.

«Guten Abend, Herr Ochsenmeier, gut, dass Sie anrufen», sagt die Angestellte und druckst ein wenig herum. «Ich muss Ihnen leider sagen, dass Ihr Bus in einem ziemlich schlechten Zustand ist. Es sind mehrere Rostlöcher vorhanden und auch andere Defekte. Er hat deshalb leider keinen TÜV bekommen. Aber die Abgasuntersuchung hat er bestanden.»

Mir wird ganz heiß. Kurzes Schweigen.

«Sind Sie noch dran?»

«Ja, ich bin noch da. Ist halt ein bisschen schade, weil schon einiges gemacht wurde an dem Auto.»

«Das ist ärgerlich. Kommen Sie einfach demnächst vorbei, um Ihren Wagen wieder abzuholen.»

Fiese TÜV-Klatsche

Zwei Monate Arbeit, Frustration, kleine Schritte vorwärts und jetzt dieser Rückschlag. Ich fühle mich von meinem Ziel weiter entfernt als jemals zuvor. Meine Gedanken rasen: Das sind sicher komplizierte Defekte, die ich nicht selber reparieren kann. Das wird meinen Preisrahmen sprengen. Ich habe nicht genug Geld für diesen Mist. Rückwärts lasse ich mich auf das Sofa fallen, schlage die Hände vor mein Gesicht und weine. Was habe ich nur falsch gemacht?

Neuen Mut fassen

Ich erzähle als Erstes Jasmin und meinem Online-Bastelkumpel Nino in Hamburg von der Geschichte.

«Kannst du den Rest nicht einfach eine Werkstatt machen lassen? Du hast schon so viel selber gemacht, da kannst du jetzt auch mal andere machen lassen», rät mir Jasmin. Genau das wollte ich nicht hören.

Nino sagt hingegen: «Jetzt schau mal, wie viel du schon hinbekommen hast, obwohl du dich nicht auskennst! Du bekommst vom TÜV eine Mängelliste. Wenn du die alle behebst, können die nichts mehr sagen. Du hast es bisher geschafft, den Rest kriegst du jetzt auch noch hin. Hol den Bus erst mal ab, und dann sehen wir ja, was sich da machen lässt.» Danke, Nino!

Jetzt erst recht

Am nächsten Tag hole ich meinen Bus und die TÜV-Mängelliste von der Werkstatt ab. Die Liste ist ganz schön lang. Aber Aufgeben ist keine Option. Ninos Ansprache hat mir die Motivation zurückgegeben, die ich nach der Absage vom TÜV verloren hatte. Jetzt erst recht, denke ich mir.

Zuerst bringe ich etwas Struktur in meine Panik. Von der Werkstatt weiß ich, dass das E, das in Klammern hinter vielen der aufgeführten Mängel steht, für «erheblich» steht. Also für einen gravierenden Schaden, der behoben werden muss. Ich mache mir eine Liste. In die erste Spalte schreibe ich, was kaputt ist. In die zweite, wie ich das Ganze reparieren kann. Und in der dritten Spalte steht, was mich die Reparatur kostet.

Ich muss jetzt klein anfangen. Schritt für Schritt diese Liste an Herausforderungen durcharbeiten. Am besten beginne ich mit etwas möglichst Leichtem. Was steht denn da?

Heckklappe Griff sitzt fest (E)

Als mir der Werkstattmeister erklärt hat, dass E für «erheblich» steht, schien es ihm fast ein bisschen peinlich, dass der Prüfer auch für den Griff der Heckklappe dieses rabiate Wort gewählt hat.

Feder, komm raus

Aber was ist jetzt eigentlich mit dem Griff? Schon seit dem Kauf muss man den kleinen Hebel, den man mit der Hand eindrückt, auch wieder selbst herausziehen. Ansonsten bleibt er in der Versenkung, und man bekommt die Heckklappe nicht auf.

Alles klar, das dürfte ja nicht so schwer sein, denke ich. Vom Austausch der Verkleidung weiß ich, dass man von innen gut an das Schloss herankommt. Im ersten Moment sehe ich nichts, was defekt sein könnte. Die Funktionsweise des Schlosses ist recht einfach. Eine kleine Feder ist dafür zuständig, den Griff wieder in seine Ausgangsposition zu drücken. Mit der Zeit hat deren Sprungkraft wohl nachgelassen. Oder sie klemmt. Ich probiere es mit meinem WD40-Multifunktions-Reinigungs-Rostlöser-Schraubenlockerer-Kleberentferner-Kriechöl, das mir schon oft gute Dienste erwiesen hat. Ich sprühe den flüssigen Problemlöser in alle Ecken, die wie ein Gelenk aussehen. Mal sehen, ob das wirkt.

Noch kommt der Griff nicht von selbst heraus. Viel hilft viel, denke ich mir und gebe noch ein paar kräftige Sprühstöße auf die Feder. Jetzt kommt der Griff tatsächlich von selbst wieder heraus.

Mit Genugtuung hake ich den ersten Punkt auf meiner Liste ab. Wenn das nur alles so einfach wäre!

Toolbox – diese Werkzeuge habe ich verwendet:
WD40-Öl

Kosten & Zeitaufwand
ca. 5 Euro – WD40-Spray

Arbeitszeit: 15 Minuten

Radhaus vorne links durchgerostet (E) und Radhaus links und rechts unsachgemäß repariert (E)

Noch mehr Rost? Ich habe doch schon unzählige Rostlöcher zugemacht! Im Radlauf rechts zwei Stück, jeweils außen und innen eins, dann auf der linken Seite noch ein großes im Radlauf und den kompletten Schweller. Wo soll da bitte im Radhaus noch ein Loch sein, das ich übersehen habe? Oder besser noch zwei davon? Der nächste Punkt auf der Liste lautet nämlich: Radhaus vorn links durchgerostet (Batteriefach) (E).

Auf Rostsuche

Mit der Taschenlampe bewaffnet gehe ich auf Rostlochsuche. Aber zuerst muss der Wagen wieder aufgebockt werden. Nachdem die Radschrauben vor kurzem schon einmal gelöst wurden, gehen sie nun relativ einfach auf. Ein bisschen gespannt bin ich jetzt ja schon. In diesem Radhaus habe ich schon einiges an Reparaturblech eingeschweißt. Am vorderen Ende geht das breite Blech, das dem ständigen Wasser der Fahrbahn und den herumwirbelnden Steinen ausgesetzt ist, in einen schmalen Träger über. Ziemlich weit vorne, im Zwielicht der überhängenden Karosserie, sehe ich einen kleinen, schwarzen Fleck. Bei näherer Betrachtung stellt sich heraus, dass es sich dabei tatsächlich um ein kleines Loch handelt. Etwas anderes kann der Prüfer nicht gemeint haben. Und auch der nächste Punkt, das durchgerostete Batteriefach, klärt sich hier: Das

Rostloch geht durch bis zum Batteriefach. Also sind es erst einmal nur zwei kleine Reparaturbleche, die ich einschweißen muss. Reine Routinearbeit. Ich schnipsle mir passende Pappstückchen zurecht, übertrage das Ganze auf das Blech und schweiße es fest. Das Loch im Batteriefach schweiße ich auch vom Radlauf aus zu, da im Motorraum sehr wenig Platz ist. Hierzu klebe ich das Reparaturblech einfach mit einem Stück Panzertape fest, sodass es von selbst in der richtigen Position bleibt. Am Ende wieder eine ordentliche Menge Rostschutzlack drüber, fertig.

Das Abhaken an der Mängelliste ist wirklich befriedigend. Und was als Nächstes kommt, sollte auch nicht zu schwer sein.

«Radhaus links und rechts unsachgemäß repariert (E)»

Zugegebenermaßen ist das der Punkt, der mich am meisten gekränkt hat. Ich habe mir so viel Mühe gegeben, die Radhäuser zu reparieren. Um das Metall zu schützen, habe ich sogar extra eine Schicht Lack darauf gepinselt, obendrauf Spachtel aufgetragen, um die Unebenheiten an den Schweißnähten auszugleichen, und dann noch eine Schicht Lack. In der Werkstatt habe ich den Mechaniker ganz ungläubig gefragt, was der Prüfer mit diesem Punkt meint.

«Der möchte da halt keinen Spachtel sehen», so seine Antwort, «sondern Steinschlagschutz.»

«Heißt das, ich muss alles noch einmal abschleifen und Steinschlagschutz drüber machen?», so meine besorgte Rückfrage.

«Ich würd es einfach direkt drüber sprühen», meinte der Kfz-Meister. Ich mag diese Werkstatt.

Das Sprühen von Steinschlagschutz in die Radläufe gehört

zu einem der Must-Dos, bevor man mit einem alten Auto zum TÜV geht. Das andere ist Unterbodenschutz. Diese beiden wirklich hartnäckigen Materialien schützen den Unterboden gegen Rost und die Radläufe gegen von den Rädern aufgewirbelte Steine.

Toolbox – diese Werkzeuge habe ich verwendet:
Schweißgerät
Flex mit Trennscheibe und Schruppscheibe

Kosten & Zeitaufwand
ca. 15 Euro – Steinschlagschutz-Spray
ca. 5 Euro – Unterbodenschutz-Spray

Arbeitszeit: 4 Stunden

Traggelenke Fahrerseite und Beifahrerseite oben und unten ausgeschlagen (E)

Dieser Punkt auf der Liste hat mich mega verunsichert. Ich war von den vielen Fachbegriffen überfordert und hatte keine Ahnung, was Traggelenke überhaupt sind.

Jetzt weiß ich es besser: Da die Vorderräder in alle Richtungen drehbar sind, müssen sie gelagert sein. Diese Lagerungen sind die Traggelenke. Jedes Rad besitzt zwei davon, eins oben und eins unten. Sie sind eingepresst.

Billig ist gut

Nino hat mir extra Werkzeug für den Austausch zugeschickt. Obwohl wir uns im echten Leben noch nie begegnet sind, hat er mir mehrere Abzieher und ein spezielles Drückwerkzeug für die unteren Gelenke einmal quer durch Deutschland geschickt.

Mit meinem Cousin Martin habe ich darüber gesprochen, welche Gelenke ich mir bestellen soll. Er riet zu Gelenken von Febi Bilstein. Im Internet sehe ich dann, dass die Febi-Bilstein-Gelenke 50 Euro pro Stück kosten, günstigere Gelenke im Viererset aber nur 20 Euro. Da ich preislich eh am Limit bin, entscheide ich mich für das günstige Set. Hauptsache, der Bus hält das halbe Jahr durch, das ich unterwegs sein werde.

Ziehen, drücken, brechen

Mit einer Kiste voller Werkzeug krabble ich unter den Bus. Als Erstes gilt es, die Drehstabfeder zu entspannen, die man einfach über eine Einstellschraube einstellen kann.

Natürlich ist auch diese Schraube voller Rost, den ich mit der Drahtbürste wegschrubbe. Dann beginne ich die Feder zu entspannen. Das geht zunächst ziemlich einfach, da mich der Druck der Feder bei der Arbeit unterstützt. Doch je weiter ich heruntergehe, desto schwieriger wird es. Auch mit Schmieröl und Schrubben merke ich den steigenden Widerstand, der mit jeder Umdrehung der Mutter größer wird. Mein Rollgabelschlüssel erweist sich zusätzlich als Behinderung, da ich ihn bei jedem Umsetzen wieder richtig einstellen muss. Als ich mich mit meiner gesamten Kraft in den eisernen Hebel lehne, gibt die Einstellschraube plötzlich nach. Sie fällt aus der Karosserie heraus, und ich schaue verstört auf den entstandenen Hohlraum. Am liebsten würde ich laut losbrüllen. Nach einer kurzen Recherche bin ich besänftigt: Diese Schraube ist so konstruiert, dass man sie herausnehmen kann. Doch ich werde nicht umhinkommen, mir eine neue zu bestellen.

Das Gelenk sieht wirklich alt aus, ich muss den Sprengring regelrecht aus dem Rost ausgraben. Mit einem passenden Ringschlüssel und dem Hammer löse ich die Schraube langsam, aber stetig. Als ich gerade fertig bin, fährt ein Auto vor, und ich höre eine bekannte Stimme.

«Hi Mathis, schön fleißig?» Mein Freund Manu, den ich seit unserem gemeinsamen Bulli-Kauf nicht mehr gesehen habe, kommt auf mich zu. «Ich fahr hier öfters vorbei und dachte, ich schau mal, wie es so läuft.»

«Ich mache gerade die Traggelenke.»

«Oha, das ist gar nicht so easy», meint er.

«Ja, ich muss da jetzt irgendwie den Konus aushebeln», sage ich.

Wir schauen uns das Ganze an. Manu greift direkt zur Brechstange und setzt diese mit voller Kraft an. Ich sehe leicht verunsichert zu. Manu scheint das zu bemerken: «Das ist ganz normal, da brauchst du viel Kraft. Beim Fahren wirken da noch viel größere Kräfte.»

Mit seinem ganzen Gewicht stemmt er sich in die Brechstange. Beim dritten Mal knackst es und das Gelenk ist lose.

Ich freue mich: «Richtig gut! Ich hätte mich nicht getraut, mich da so reinzulehnen.»

«Kein Problem. Manchmal braucht's eben ein bisschen Gewalt», lacht Manu und gibt mir die Brechstange zurück. «Ich muss wieder weiter. Viel Erfolg noch.» Das nenne ich Glück!

Ich setze den Abzieher, den Nino mir geschickt hat, an. Die Kunst ist es, ihn gespannt zu bekommen, ohne dass er seitlich wegrutscht oder sich einer der Arme verschiebt. Der Widerstand ist erst extrem hoch, doch plötzlich lässt er nach. Was ist da los? Mist, die Kraft war zu groß, das Gewinde ist rundgedreht. Wie werde ich das Nino sagen? Richtig blöd.

Billig ist nicht gut

Ich sehe mich online nach alternativem Werkzeug um. Dabei treffe ich auf ein speziell für den Bus angefertigtes An- und Auspresswerkzeug. 80 Euro sind echt ein stolzer Preis. Aber egal, ich bin so genervt von diesem ganzen Billigwerkzeug und den Notlösungen, dass ich mir dazu noch ein Set Trenngabeln bestelle – die professionelle Version der Brechstange.

Zwei Tage später halte ich das ganze Werkzeug in den Händen. Eine knappe Stunde später sind die Traggelenke an einer

Seite gewechselt. Kein Verzweifeln mehr, sondern einfach die beiden massiven Metallplatten anlegen und das Gelenk über zwei Gewindestangen auspressen.

Toolbox – diese Werkzeuge habe ich verwendet:

Hammer
Kriechöl
Drahtbürste
An- und Auspresswerkzeug speziell für T4
Trenngabel
Ringschlüssel

Kosten & Zeitaufwand

ca. 80 Euro – An- und Auspresswerkzeug speziell für T4
ca. 20 Euro – Trenngabeln
20 Euro – Traggelenke
30 Euro – neue Einstellschraube für Drehstabfeder

Arbeitszeit: 10 Stunden

Danke, lieber Postbote

Es gibt Leute, die bekommen mich in den letzten Wochen fast öfter zu Gesicht als meine Freunde. Der DHL-Bote zum Beispiel. Fast täglich klingelt der Paketlieferservice an meiner Tür und bringe neue Kartons und Päckchen. Zeitweilig sah unser Flur aus wie das Lager eines Paketzentrums. Ich freue mich jedes Mal wie ein Kind am Weihnachtsabend, wenn es klingelt. Denn in 90 Prozent aller Fälle ist es eine Lieferung für mich, auf die ich garantiert schon ungeduldig warte. In den restlichen zehn Prozent ist es meine Freundin Jasmin, also auch ein Grund zur Freude. Natürlich kommt nicht immer derselbe Fahrer (aber immer dieselbe Freundin) vorbei, aber einige kennen mich mittlerweile recht gut.

Das Paket im Keller

«Hallo, habe hier ein Paket für dich!», ruft der DHL-Bote, von dem ich öfter etwas entgegennehme, und fügt hinzu: «Hoffe, das hat letztes Mal geklappt, als ich das Paket einfach bei dir in den Keller gelegt habe. Mach ich nicht bei jedem, aber dich kenne ich ja.»

Ich erinnere mich an ein Paket, das letzten Dienstag plötzlich bei uns im Keller lag, ohne dass sich jemand seine Herkunft erklären konnte. Zum Glück war unser Hund Asa gerade nicht im Keller. Sie hätte dem DHL-Mann sicher einen gehörigen Schrecken eingejagt.

«Ja, das war wirklich gut!», antworte ich. «Ich habe das Teil noch am selben Tag gebraucht. Wäre echt blöd gewesen, wenn das bei der Post gelandet wäre.»

Ich unterzeichne auf seinem Gerät.

«Wieder ein Teil für deinen Bus?», fragt er beiläufig.

«Ja, wichtig für den TÜV», meine ich.

«Ach so, na dann viel Erfolg!», ruft er noch, während er in seinen gelben Lieferwagen springt.

Wir sehen uns bestimmt bald wieder.

Respekt

Manchmal, wenn ich mitten in einer schwierigen Reparatur stecke, frage ich mich, was ich da eigentlich mache. Ich bin an mein ganzes Bulli-Projekt ziemlich unbedarft herangegangen. Von meinem Auto- und Reisetraum in der Lateinstunde bis zu diesem Punkt hier habe ich mir eigentlich nie groß Gedanken gemacht, was für ein großes Projekt das überhaupt ist.

Wahnsinn

Aussagen wie «Wahnsinn, was du da machst», «Echt, du machst alles ganz alleine. Voll krass» oder «Das würde ich mir nicht zutrauen» von Freunden und Bekannten – und manchmal sogar Fremden – führen mir dann wieder vor Augen, dass so eine Bulli-Reparatur in Eigenregie nicht sehr alltäglich ist. Für mich hat sich aber tatsächlich nie die Frage gestellt, ob ich das kann. Es war einfach klar, ich will das, und da draußen gibt es jede Menge Anleitungen, Bastelhilfen und Schrauber-Videos, die mir dabei helfen, das Projekt durchzuziehen.

Respekt statt Angst

Natürlich habe ich Respekt vor dem großen Ganzen, aber damit aus Respekt kein Angst wird, setze ich mir einfach viele kleine Ziele auf dem Weg zum Finale. So kann ich mich jeden Tag daran abarbeiten und habe Erfolgserlebnisse, die mich für meine Mühe belohnen.

Wenn ich abends im Bett liege, habe ich hin und wieder schon Angst vor der Verantwortung, schließlich ist so ein T4 kein kleines Gefährt und muss tadellos funktionieren, um andere Menschen nicht zu gefährden. Aber dafür gibt es ja den TÜV, und der hat mir ja bereits kräftig in den Hintern getreten, damit ich alles richtig mache. Das beruhigt mich und lässt mich gut schlafen und von der Reise mit meinem fertigen Bulli träumen.

Gutes Werkzeug

Für so eine selbst durchgeführte Bulli-Reparatur und den noch kommenden Innenausbau braucht man natürlich eine Menge Werkzeuge und sonstige Hilfsmittel. Ich habe Glück, dass meine Eltern im Haus bereits eine kleine, ziemlich gut ausgestattete Heimwerker-Werkstatt haben. Wenn ich mir für mein Projekt komplett alles hätte neu kaufen müssen, wäre mein Bulli nicht zu finanzieren gewesen. Nicht einmal mit gebrauchten oder billigen Teilen.

An der richtigen Stelle sparen

Apropos billig – mein Budget für meinen Bulli-Traum ist begrenzt. Ich habe nur, was ich mir durch meinen Ferienjob erarbeitet und was ich mir vorher schon angespart habe. Wirklich viel ist das nicht. Deshalb achte ich bei Teilen für den Bus oder Werkzeugen, die ich kaufen muss, immer auf den Preis.

Bei Ersatzteilen für den Bus lohnt es sich wirklich, abzuwägen, wie lange der entsprechende Part halten muss. Bei Dingen wie den Traggelenken habe ich ohne Bedenken die billigsten bestellt, aber bei richtig wichtigen Sachen, wie zum Beispiel den Bremsen, finde ich Sparen keine so gute Idee. Im Zweifelsfall entscheide ich mich immer für ein mittleres Preissegment und hoffe das Beste.

An der richtigen Stelle prassen

Wenn es um Werkzeug geht, habe ich in den letzten Wochen schnell gelernt: billig ist keine gute Wahl. Mit unpassendem

Werkzeug oder solchem mit schlechter Qualität dauern Reparaturen oftmals viel länger, wenn das Werkzeug dabei nicht sogar gleich kaputtgeht. Dann muss man neues kaufen, und das kostet wieder Zeit und Geld. Deshalb bin ich zu dem Schluss gekommen: Gutes Werkzeug ist immer eine sinnvolle Investition. Und trotzdem noch billiger, als die Reparatur in der Werkstatt kosten würde.

Bremsleitung korrodiert (E)

Es wäre nett gewesen, wenn der Prüfer etwas genauer gesagt hätte, worum es hier geht. Der Bus hat vier Räder, an denen jeweils eine Bremse montiert ist, und die Bremsleitungen erstrecken sich kreuz und quer über den ganzen Bus. Es ist wichtig, dass diese Leitungen in einem guten Zustand sind, da hier Bremsflüssigkeit mit bis zu 200 Bar hindurchgepresst wird und ein Ausfall schlimme Konsequenzen hätte. Also rutsche ich an einem der ersten kalten Wintermorgen unter meinem Auto auf dem harten Schotter hin und her, kann aber keine Stelle finden, an der die Bremsleitung ernsthaft korrodiert aussieht. Aber was ist das denn für ein Stahlseil? Wenn etwas korrodiert ist, dann das hier!

Ein Drahtseilakt

Ich betrachte das gezwirbelte Seil, bei dem die Hälfte der Einzeldrähte schon gerissen ist. Das ist eigentlich auch das Einzige, was der Prüfer gemeint haben kann. Mit der Bremse hat es auch etwas zu tun, es handelt sich hierbei nämlich um das Handbremsseil.

Ein Ersatzteil muss her, und ich werde nach längerer Suche online fündig. Hoffentlich kommt der Seilzug bald. Zwischen nicht bestandener TÜV-Prüfung und der Nachprüfung dürfen maximal vier Wochen vergehen. Dafür kostet die Nachprüfung nur 20 Euro, und der Prüfer darf nur die auf der Mängelliste aufgeführten Punkte bewerten.

Am nächsten Tag bringt der DHL-Bote schon das erwartete Paket. Das ging wirklich schnell.

Das neue Seil hat kaum Ähnlichkeit mit dem heruntergeschrubbten alten Draht. Doch es passt perfekt. Mit ein paar Handgriffen ist die Verkleidung der Handbremse gelöst. Das neue Seil ist nur durch einen Stift und eine Mutter am Fahrzeugboden gesichert. Ein Kinderspiel.

Toolbox – diese Werkzeuge habe ich verwendet:

Zange

Maulschlüssel

Kosten & Zeitaufwand

ca. 25 Euro – Seilzug für Handbremse

Arbeitszeit: 60 Minuten

Danke, YouTube

Als ich meine Videos auf YouTube gestellt habe, dachte ich: Vielleicht hat ja jemand Interesse daran. Und im schlimmsten Fall bekomme ich blöde Kommentare, weil ich mich so doof anstelle. Mit dem, was dann kam, habe ich nicht gerechnet. Die Resonanz auf meine Reparaturvideos war unglaublich. Schon die ersten Videos wurden superoft angeschaut und kommentiert.

Kommentare, Hilfe, Tipps & Tricks

Die Leute schauen aber nicht nur zu, sondern loben und motivieren mich auch. An einem miesen Schraubertag kann das Gold wert sein. Am allerbesten finde ich jedoch die vielen Tipps und tollen Bekanntschaften, die ich bekomme. So habe ich dank Social Media den Kfz-Mechatroniker Tobi aus Karlsruhe kennengelernt, der mich besucht und mir mit den Bremsen geholfen hat. Und Nino aus der Nähe von Hamburg, der mittlerweile zu einem richtigen Freund geworden ist und den ich nach bestandenem TÜV als Erstes mit meinem Bulli besuchen möchte.

Die Kommentatoren geben wirklich immer wieder tolle Tricks und Tipps. Einer meiner Zuschauer meinte zum Beispiel, dass sich die verblichene Frontschürze mittels eines Heißluftföhns sehr gut bearbeiten lasse, sodass diese wieder in ihrem alten Schwarz erstrahlt. Ich habe es ausprobiert, und er hatte recht. Danke, Mann!

Bodengruppe hinten – Heckabschlussblech durchgerostet (E)

Die kleine Delle war mir aufgefallen, als ich den Unterboden mit Konservierungsmittel eingesprüht habe. Gedanken habe ich mir beim Anblick des verbogenen Bleches keine gemacht. Der Prüfer offensichtlich schon. Er hat sichtlich darin herumgestochert, denn man sieht den Rost jetzt deutlich.

Nur vier Schrauben

Um die schwarze Plastikverkleidung der Stoßstange abzunehmen, muss ich die ganze Stoßstange ausbauen. Ich suche vergeblich nach Alternativen, doch anders geht es nicht. Immerhin ist die Stoßstange nur mit vier Schrauben befestigt. Vier verrosteten Schrauben. Was sonst. Als ich die Stoßstange endlich aus der Karosserie ziehe, stelle ich fest, dass hier nicht mehr viel zu retten ist. Sie ist so verbogen und blöd geformt, dass ich nicht einfach ein Stück Blech einschweißen kann.

200 Kilometer für eine neue Stoßstange

Doch der Gebrauchtmarkt enttäuscht nie. Wenn man eine Anhängerkupplung an einem T4 nachrüsten möchte, muss die komplette hintere Stoßstange ausgetauscht werden. Deshalb findet man diese en masse. Die nächste gebrauchte Stoßstange wartet 200 Kilometer entfernt auf mich, dafür kostet sie aber auch nur 30 Euro.

Die neue Stoßstange lässt sich sehr einfach in das Heck des Busses einschieben. Die Schrauben kann ich einfach von Hand reindrehen, danach bringe ich sie mit dem Drehmomentschlüssel auf die empfohlenen 15 Nm.

Toolbox – diese Werkzeuge habe ich verwendet:
Schraubenschlüssel

Kosten & Zeitaufwand
ca. 30 Euro – neue alte Stoßstange für den T4
ca. 30 Euro – Spritkosten für die Fahrt zur Abholung

Arbeitszeit: 100 Minuten

Bremskraftregler schwergängig (E)

Moderne Autos haben elektrische Systeme, die die Kraft vom Bremspedal ideal auf alle vier Räder verteilen. Und dann gibt es mein Auto. Es hat eine Wippe, die am Achsträger hinten befestigt ist. Und je nachdem, wie stark die Hinterräder eingefedert sind, drückt diese Wippe auf ein Ventil, das bei weniger Gewicht auf der Hinterachse auch weniger Bremskraft dorthin leitet. Das ist der Bremskraftregler.

Fässer voll WD40

Wenn zu viel Bremskraft an die Hinterräder geleitet wird, auf diesen aber zu wenig Gewicht lastet, fangen sie an zu rutschen. Das muss eine ganze Weile passiert sein, was die total heruntergefahrenen Hinterreifen erklärt.

Der Mechaniker in der Werkstatt meinte, ich soll das Ganze einfach kräftig mit Öl einsprühen und mit der Hand hin und her bewegen, bis es sich wieder leicht bewegen lässt.

Als ich unter dem Wagen liege, sehe ich, dass der Regler richtig rostverkrustet ist. Da helfen auch Fässer voll WD40 nicht mehr. Um einen neuen Bremskraftregler einzubauen, braucht man ein spezielles Manometer, um den Druck an den Rädern einzustellen, und man muss den ganzen Bremskreislauf entlüften. Damit ist es entschieden, der Wagen muss in die Werkstatt.

Zwei Tage vor meinem zweiten TÜV-Termin habe ich nun einen Termin in der Werkstatt. Knappe Nummer, wie so oft bei diesem Projekt.

Kosten
ca. 300 Euro – für den Austausch des Bremskraftreglers in der Werkstatt

Auf zur Nachprüfung

In der Nacht vor meiner zweiten TÜV-Prüfung habe ich einen Albtraum: Der Prüfingenieur klopft mit einem Hammer meinen Bus ab. «Sehen wir einmal nach, ob er auch wirklich rostfrei ist.» Was für ein penibler Typ! Auch am Unterboden hämmert er herum. Plötzlich bricht ein tellergroßes Stück vom Boden mit einem Krachen aus der Karosserie heraus. Es fällt mir mit einem dumpfen Klonk direkt vor die Füße. Triumphierend schaut mich der Prüfer an.

Ich wache schweißgebadet auf. Was für ein Blödsinn!

Aller guten Dinge sind zwei

Um 7:30 Uhr muss ich bei der Werkstatt sein und die roten Nummernschilder abholen, die meinen Bus zur Nachprüfung bringen. Was danach geschieht, liegt außerhalb meines Einflussbereichs. Es ist noch aufregender als das letzte Mal. Es könnte sein, dass ich noch heute TÜV kriege! Dann könnte ich das Auto morgen anmelden und sofort damit in der Gegend herumfahren! Irgendwie ein total komischer Gedanke, nachdem er jetzt mehr als drei Monate nur in unserer Einfahrt herumstand.

Bestellen und Biken

Während der Bus zur Inspektion ist, versuche ich mich abzulenken. Müßiggang bin ich nach den letzten Monaten nicht mehr gewohnt. Erst einmal bestelle ich alles, was ich für die Arbeiten brauche, die ich mit Nino zusammen machen werde.

Er hat mir zum Glück schon eine Liste mit allen Teilen geschickt. Nur die Zweitbatterie muss ich mir selbst aussuchen. Natürlich soll es eine mit möglichst großer Kapazität sein, damit ich meinen Kühlschrank auch mal ein paar Tage laufen lassen kann, wenn der Bus nicht bewegt wird. 200 Ah (Amperestunden) für 120 Euro. Klingt sehr gut, bestelle ich.

Dann schnappe ich mir mein Mountainbike und strample den Feldweg Richtung Wald hoch. Ich war schon ewig nicht auf unserer Strecke. Am Einstieg treffe ich meinen Kumpel Tobi, mit dem ich letztes Jahr viel an der Strecke gebaut habe.

«Hey, sieht man dich auch mal wieder!», ruft er mir zu.

«Ja, war in letzter Zeit ziemlich beschäftigt.»

«Du hast jetzt aber schon dein Abi, oder?», hakt er nach.

«Ja natürlich, ist ja schon länger her.»

«Bist du noch an deinem Projekt mit dem Renault Trafic dran?»

Ich muss ihm vor längerer Zeit einmal davon erzählt haben.

«Ja, aus dem ist mittlerweile ein VW-Bus geworden.»

Tobi lacht, und wir radeln los.

Letzter Versuch

Ich bin total verschwitzt und hungrig, als ich nach Hause komme. Die anderen haben schon Mittag gegessen, der Geruch von Spätzle mit Rahmsauce weht mir im Flur entgegen. Während ich über die Reste herfalle, hole ich mein Handy aus der Hosentasche. Ich habe eine neue Nachricht.

Was ich gerade kaum noch im Kopf hatte, wird mir schlagartig wieder bewusst: der Bus, die Werkstatt, TÜV-Prüfung, letzter Versuch!

Ich höre meine Mailbox ab und muss lachen. Dieses breite Schwäbisch! Aber egal, ich habe TÜV! Noch in Fahrradklamotten stürme ich aus der Tür. «Ich hab TÜV!», rufe ich meiner Mutter zu, die gerade die Treppe herunterkommt. Ich bin nicht mehr zu halten und laufe sofort rüber zur Werkstatt, um meinen Bus in Empfang zu nehmen. Endlich ist es geschafft.

Wieder steht der Bus in der Einfahrt, aber dieses Mal wie neugeboren. Äußerlich sieht man die Veränderung kaum, aber er hat jetzt TÜV, und ich kann ihn endlich fahren. Fehlt nur noch die Zulassung.

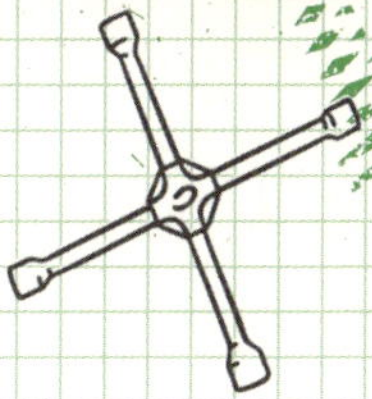

Auf in die Zukunft – der Innenausbau kann starten

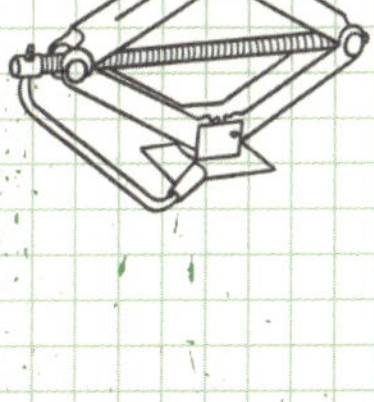

Meine erste lange Fahrt

Mein Bulli-Projekt hat seit meinem Abitur meine gesamte Gedankenwelt eingenommen – bis auf die Momente, die ich mit Jasmin verbracht habe – und wenig Platz für anderes gelassen. Während meine Schulfreunde nach dem Abschluss fast alle direkt angefangen haben zu studieren oder eine Lehre zu machen, habe ich mir bisher keinen genauen Plan für meine berufliche Zukunft überlegt. Natürlich weiß ich, dass es wichtig ist, mit was ich später mal mein Geld verdienen will, aber das Berufsleben läuft nicht weg, und ich bin mir sicher, dass ich nach meinem Bulli-Projekt noch genügend Zeit habe für den Rest meines Lebens. Und außerdem lerne ich bei meiner Arbeit am Bulli unglaublich viel, nicht nur über den VW T4 und seine Technik, sondern auch über strukturiertes Arbeiten, Problemlösung, Planung und vieles mehr, das mir an der Uni und danach im Job von Nutzen sein wird. Vor allem lerne ich viel über mich und dass ich alles, na ja, zumindest fast alles alleine schaffen kann, wenn ich es nur wirklich will.

Nachdem die Reparaturen nun abgeschlossen sind und mein Bulli TÜV hat, kann es mit dem Innenausbau losgehen. Doch vorher möchte ich meine erste große Fahrt wagen – von Stuttgart nach Hamburg, um meinen Freund Nino zu besuchen. Mit ihm möchte ich die Zweitbatterie und die Zentralverriegelung einbauen.

Nur mal kurz in den Norden

Bevor ich zu Nino losfahre, checke ich noch einmal, ob ich auch wirklich an alles gedacht habe: Kamera, Ladegerät, Laptop, Festplatte, Zweitbatterie, Relaisschaltung, Zentralverriegelungs-Set. Check, alles da.

Der Gedanke, dass ich die Räder, auf denen ich mich über die Straße bewege, selber angeschraubt habe, fühlt sich irgendwie seltsam an. Nach 300 Kilometern fahre ich auf einen Rastplatz, um die Radschrauben nachzuziehen. Keine der Radschrauben ist locker. Perfekt. Als ich zurück auf die Fahrerseite gehe, trifft mich fast der Schlag: Mein linkes vorderes Rad hat extrem wenig Luft! Als die Werkstatt die neuen Reifen aufgezogen hat, muss sie das neue Ventil falsch eingesetzt haben. Schon komisch, dass alles, was ich selbst repariert habe, hält, und das Einzige, was ich bei der Werkstatt habe machen lassen, nicht.

An einer Tankstelle fülle ich Luft nach, bis der Druck wieder bei den üblichen 3,5 Bar liegt. Ich hoffe, das hält jetzt länger als 300 Kilometer. Nach 100 Kilometern steuere ich die nächste Raststätte an, um erneut den Reifendruck zu prüfen. Zu Recht: der Reifen ist schon wieder fast leer. Mist. Ich habe noch sechs Stunden Fahrt vor mir, und die Aussicht, noch mindestens fünf Mal den Reifen auffüllen zu müssen, bereitet mir schlechte Laune.

Fünf Tankstellen später nähere ich mich endlich meinem Ziel. Auf der Landkarte sehe ich schon das Meer, was mich wundert, denn Nino hat gar nicht erwähnt, dass er am Meer wohnt. Es ist jetzt um 19 Uhr, bereits dunkel und und trotzdem brennt in den meisten Häusern kein Licht. Komisch. Auch die Nummer 7, Ninos Haus, sieht dunkel aus, mich beschleicht ein sehr ungutes Gefühl. Ich wähle Ninos Nummer.

«Hey Nino!»
«Hey Mathis, na, wo bist du?»
«Ich bin jetzt da, aber hier brennt kein Licht!»
«Das kann eigentlich nicht sein. Wo stehst du?»
«Im Apfelweg 7, vor deinem Haus, in Ahrensberg!»
Es folgt ein kurzer Moment der Stille.
«Oh, Mann! Ich glaube, du bist im falschen Ahrensberg.»

Tatsächlich stellte sich heraus, dass ich es geschafft habe, einen Ort mit demselben Namen, in dem eine gleichnamige Straße liegt, der auch in der Nähe von Hamburg ist, anzusteuern. Ich bin immer noch 200 Kilometer von meinem Ziel entfernt.

Bodenplatte

Während ich erschöpft die letzten Kilometer zu Nino runterreiße, denke ich über den geplanten Innenausbau nach. Im Internet habe ich keine Anleitung zum Ausbau gefunden, was kein Wunder ist, denn so ein Ausbau ist eine individuelle Sache – jeder nach seinen Vorstellungen und Ansprüchen. Ich verzichte zum Beispiel gerne auf ein WC, das würde mir zu viel Platz klauen. Und eine Kompressorkühlbox oder eine Standheizung sind mir zu teuer. Mein Ausbau ist eher minimalistisch geplant, aber dennoch funktional. Er eignet sich meiner Meinung nach auch für Surfer, Motorradfahrer oder Outdoorsportler, da man trotz der Einbauten noch die Möglichkeit haben wird, über die Heckklappe große Gegenstände einzuladen.

Eine gute Basis

Zwischen bestandenem TÜV und der Anfahrt zu Nino hatte ich noch etwas Zeit und konnte schon den Grundrahmen realisieren. Irgendwie wollte ich Nino mehr als einen leeren Bus präsentieren.

Vor meiner Abfahrt habe ich deshalb als Erstes eine neue Bodenplatte und eine Küche eingebaut. Meist wird hierfür eine Siebdruckplatte verwendet, wie sie in Handwerkerfahrzeugen zum Einsatz kommt. Mein Vorbesitzer legte auf so was scheinbar keinen Wert. Er hatte nur einen simplen Kasten eingebaut, der nicht einmal den ganzen Boden bedeckte und aus einer unglaublich schweren Tischlerplatte bestand.

Da eine Siebdruckplatte mindestens 200 Euro kostet,

war das keine Option für mich. Die günstigste Lösung sind OSB-Verlegeplatten. Für meinen Boden brauchte ich davon drei Stück in 18 mm Stärke, wovon eine jeweils unter zehn Euro kostet. Diese Platten haben, genau wie eine Siebdruckplatte, ein hohes Gewicht, doch der Preis ist unschlagbar.

Die Platten sind zum Verlegen gedacht und besitzen Nut und Feder. Damit können sie formschlüssig verbaut werden. Ich war froh, dass ich noch die alte Gummimatte aus dem Bus hatte, die sich ideal als Schablone verwenden ließ. So war die neue Bodenplatte schnell zugeschnitten.

Um die Platte zu befestigen, verwendete ich große Senkkopfschrauben, die ich in die schon vorhandenen Gewinde für die hinteren Sitze schraubte. Damit der Schraubenkopf nicht herausschaute, nahm ich einen großen Metallbohrer und senkte den kegelförmigen Bohrer nur ganz leicht in das Holz.

Mit der montierten Bodenplatte und der schon fertigen Verkleidung wirkte der Bus schon viel mehr wie ein leeres Wohnzimmer als nur ein leeres Auto.

Toolbox – diese Werkzeuge habe ich verwendet:

Bohrmaschine
Metallbohrer
Stichsäge
Akkuschrauber

Kosten & Zeitaufwand

ca. 30 Euro – drei OSB-Platten, 18 mm
ca. 15 Euro – Senkkopfschrauben M10

Arbeitszeit: 3 Stunden

Küchenzeile

Eine gute Basis

Ich wollte gerne viel Stauraum haben. Und ein Waschbecken. Und einen Gaskocher. Und einen Tisch. Und einen Kühlschrank. Aber wo bleibt dann noch Platz zum Schlafen? Auf der Küche natürlich!

Das war der Grundgedanke hinter der recht großen Küchenzeile, die den Innenraum bestimmen würde. Ein Holzrahmen bildet die Unterkonstruktion. Das hat folgende Vorteile: einfach zu bauen, sehr günstig, stabil und flexibel, sodass ich noch während des Bauens Änderungen an der Aufteilung vornehmen kann.

Unterbau anlegen

Im Baumarkt kaufte ich Vierkanthölzer für weniger als fünf Euro pro Balken. Auf diese Weise konnte ich eine sehr stabile und trotzdem günstige Unterkonstruktion bauen, und diese mit instabilem und billigem, aber gut aussehendem Holz verkleiden. Die Balken mussten in einem sehr präzisen 90-Grad-Winkel abgesägt werden. Ohne eine Gehrungssäge wäre das unmöglich gewesen. Über die spätere Aufteilung hatte ich mir nicht besonders viele Gedanken gemacht. Ich wollte zwei große Klappfächer haben, die von oben zugänglich sein sollten, darunter jeweils zwei Schubladen und ganz links die Küche mit versenkter Spüle und Gaskocher.

Es werde LED-Licht

Stück für Stück setzte ich den Rahmen zusammen. Vorne an der Unterseite der Klappen brachte ich LED-Bänder an, die an der Front entlang nach unten leuchten. Puh, LED-Bänder löten gehört definitiv nicht zu meinen Lieblingsaufgaben, aber ich hatte keinen Kurzschluss produziert und das Licht erstrahlte am Ende in bunten Farben.

Einmal folieren, bitte

Für die beiden Klappen kaufte ich acht Millimeter starkes Multiplex. Die komplette Verkleidung und die Front meiner Küche sind in weiß gehalten. Die Klappen und das Holz um das Kochfeld herum wollte ich in meinen Lieblingsfarben Schwarz und Rot folieren. Auf dem unbehandelten Holz haftete die Folie nicht, also lackierte ich die Bretter zunächst. Das blasenfreie Folieren war gar nicht so einfach, weshalb ich einen Heißluftföhn zu Hilfe nahm. Das Ganze hat am Ende zwei Stunden für zwei Klappen gedauert. Puh. Die Konturen waren noch schwerer zu folieren, aber mit der Erfahrung, die ich bei den beiden Klappen gesammelt hatte, gelang es mir passabel.

Küchenplatte drauf

Die Küchenplatte, in die die Spüle und der Kocher eingelassen wurden, war nicht einfach zu gestalten. Zum Glück hatte ich einen Kocher und eine Spüle gefunden, die beide ideal passten. Mit der Stichsäge legte ich die Ausschnitte an. Dann benötigte ich viele kleine Brettchen, die später die senkrechte Fläche bildeten, darunter kam direkt die Spüle, in den anderen ein Brett, auf dem der Kocher stehen würde.

Ganz schön brenzlig

Es war ganz schön kalt an dem Tag. Während ich die Platte montierte, nutzte ich deshalb den zuvor verwendeten Heißluftföhn, um mich zu wärmen. Auf einem Stück Holz abgestützt pustete er die warme Luft in den Raum. Mit der Bohrmaschine schraubte ich gerade die Platte auf dem Gestell fest, als mir ein übler Geruch in die Nase stieg. Ich wusste sofort, was los war. Der Heißluftföhn war von der Stütze gefallen und hatte ein Loch in die Folie gebrannt, genau in die Mitte. Nochmal kleben kam nicht in Frage, also pappte ich einfach einen großen YouTube-Sticker darüber, den ich rumliegen hatte.

Toolbox – diese Werkzeuge habe ich verwendet:
Heißluftföhn
Gehrungssäge oder Kappsäge
Lötkolben

Kosten & Zeitaufwand
ca. 50 Euro – Vierkanthölzer
40 Euro – Küchenplatte
10 Euro – Folie
12 Euro – Schrauben
20 Euro – Metallwinkel

Arbeitszeit: 3 Tage

Ankunft im Norden

Endlich stehe ich vor Ninos Haus. Ich habe kaum gestoppt, da kommt auch schon Nino aus der Haustür gestürmt. Er ist fast genauso froh über meine Ankunft wie ich. Mann, war das ein Ritt. Die Strecke von Stuttgart nach Hamburg ist so schon kein Katzensprung. Mit einem alten Bulli ohne nennenswerte Beschleunigung und einem Reifen, der alle 100 Kilometer aufgepumpt werden muss, war es eine wahre Tortur.

Großes Hallo

Es ist toll, Nino endlich persönlich kennenzulernen. Wir verstehen uns auf Anhieb super, was ich nicht anders erwartet habe. Nino schlägt vor, noch in einen Burgerladen in der Nähe zu fahren, und obwohl ich für heute wirklich genug gefahren bin, lasse ich mich gerne von Nino chauffieren, denn ich habe mächtig Hunger.

Das Auto von Ninos Eltern ist im Vergleich zu meinem Bulli so herrlich leise und smooth, dass ich auf dem Beifahrersitz fast einschlafe. Ich wäre gerne gesprächiger, aber ich kann einfach nicht mehr.

Mit einem Bulli kann man was erleben

Der wirklich leckere Burger bringt wieder etwas Leben in mich, und ich erzähle Nino detailliert von meiner aufregenden Fahrt.

«Ich kenne mich jetzt bestens mit Luftpumpen aus. Meistens stehen sie an Säule 4, bei Aral aber auch oft an einer

Extra-Station. Und bei Jet gab es eine, da konnte man den gewünschten Reifendruck sogar eingeben und die Pumpe hat ganz alleine bis zum exakten Wert Luft aufgefüllt. Einmal habe ich vergessen, den Schlauch aufzustecken, und er zischte rum wie eine giftige Schlange.» Was für eine Action. So – okay, nicht ganz genau so – habe ich mir das Reisen mit meinem Bulli vorgestellt, Abenteuer pur.

Zentralverriegelung und Zweitbatterie

Um sieben Uhr klingelt mein Wecker. Ungefähr sechs Stunden habe ich geschlafen. Das muss reichen, denn heute wollen Nino und ich mit der kompletten Zentralverriegelung fertig werden.

So ein Standard-Zentralverriegelungs-Set ist sehr billig. Dafür muss man aber viel anpassen und selber bauen, damit es funktioniert. Es besteht aus einem Empfängermodul, der Fernbedienung und vier Stellmotoren. Ich bin sehr froh, dass Nino das Ganze schon einmal gemacht hat und die Handgriffe alle auswendig kennt. Beim Abnehmen der Türverkleidung muss man zum Beispiel wissen, dass man die Oberseite des Türgriffs ablösen kann und darunter dann eine Schraube zum Vorschein kommt. Oder dass man an der Fensterkurbel einen Ring zusammendrücken muss, um die Kurbel abzunehmen.

Zentralverriegelung

Die beiden Stellmotoren an den vorderen Türen sind schnell montiert. An der Schiebetür lässt sich das Kabel nicht in die Tür verlegen, da sich diese ja auf und zu bewegt. Ein Schiebetürkontakt muss eingebaut werden. Um die Stellen an der Schiebetür und an der Karosserie zu bestimmen, an denen die Kontakthälften genau aufeinandertreffen, verwenden wir eine Seite des Kontakts als Stempel. Sie wird mit Farbe benetzt und erzeugt so einen Abdruck an der Stelle, die genau gegenüberliegt.

Die Position der Stellmotoren übernehmen wir einfach aus Ninos Bus. Trotzdem ist es schon 15 Uhr, als Ninos Mutter uns belegte Brote als Mittagessen herausbringt. Nach der Stärkung geht es mit der Heckklappe weiter.

An der Heckklappe wird die Drehbewegung des Schlüssels beim Öffnen und Schließen in eine Längsbewegung umgewandelt. In die Stelle, die sich beim Schließen vor und zurückbewegt, bohren wir ein Loch, um daran den Stellmotor zu befestigen. In der Heckklappe liegen allerdings so viele Querverstrebungen, dass wir ein Loch bohren müssen, durch das die Verbindungsstange zum Motor gelegt wird. Und die Bleche sind so komisch geformt, dass wir drei Muttern als Unterlegscheiben missbrauchen müssen, damit der Motor den richtigen Winkel zum Schloss hat. Ein nervtötendes Gefummel.

Um 22 Uhr abends haben wir es endlich geschafft. Nino hat sogar noch ein Kabel vom Modul zum Blink-Relais gelegt, sodass der Bus immer blinkt, wenn man ihn auf- oder zuschließt. Sehr praktisch!

Zweitbatterie

Am nächsten Morgen gehen wir die Zweitbatterie an. Ein Trennrelais hat die Funktion, die Batterien zu trennen, während das Auto steht. Während der Fahrt werden die Batterien dann wieder verbunden, sodass die Zweitbatterie über die Lichtmaschine lädt. Die Schwierigkeit liegt darin, ein Signal in der Bordelektrik zu finden, das bei laufendem Motor zwölf Volt ausgibt und bei ausgeschaltetem Motor null. Als Nino das Signal gefunden hat, geht es schnell: Mit einer selbstschneidenden Schraube packen wir das Relais neben die Batterie und schließen es mit Klemmen an. Anschließend verbinden wir den Pluspol der Zweitbatterie mit dem Relais und den Minuspol mit der Karosserie. Fertig.

Toolbox – diese Werkzeuge habe ich verwendet:
Bohrer
Voltmeter
Nino
Abisolierzange
Seitenschneider
Crimpzange

Kosten & Zeitaufwand
ca. 20 Euro – Standard-Zentralverriegelungs-Set
120 Euro – Zweitbatterie
20 Euro – Trennrelais-Set
10 Euro – Kabel, Kabelschuhe

Arbeitszeit: 2 Tage

Wie der Blitz

Das hättest du sicher auch selbst hinbekommen», meint Nino bei meiner Abfahrt. Insgeheim stimme ich ihm zu, aber zusammen mit einem anderen Bus-Begeisterten herumzuschrauben, war einfach toll. Gerne würde ich noch länger bleiben, aber zu Hause wartet Jasmin auf mich. In zwei Wochen fliegt sie nach Neuseeland, wo sie mit einer Freundin zwei Monate herumreisen wird. Und nach ihrer Rückkehr gehe ich selbst auf große Bulli-Tour. Also ist jede Minute für uns kostbar.

Natürlich hätte ich Jasmin gerne mit auf meine Reise genommen. Sie hat aber zur gleichen Zeit bereits einen Praktikumsplatz angenommen. Und der Plan war ja von Anfang an – da kannte ich Jasmin noch nicht richtig –, dass ich alleine losziehe. So bin ich in meiner Spontanität vollkommen uneingeschränkt, kann jederzeit hinfahren, anhalten und übernachten, wo und wie ich will.

Zurück in den Süden

Um 16 Uhr verlasse ich Ahrensberg. Alle 100 Kilometer heißt es wieder Zwangspause am Luftschlauch. Erwartete Ankunftszeit: Mitternacht und später. Ich versuche nie langsamer als 100 Stundenkilometer zu fahren. Das ist zwar nicht spritsparend, aber ich komme früher an. Der Partikelfilter scheint sich wirklich ein bisschen freigebrannt zu haben, die Kasseler Berge komme ich im vierten Gang sehr gut hoch.

Klack!

Vollkommen übermüdet fahre ich um 2 Uhr früh über die leere Autobahn. Ich möchte nur noch nach Hause. Ein Baustellenschild leuchtet mir entgegen. 80? Pfff, ist doch ganz leer. Klack! Ein helles Licht blendet meine Augen. Müde bin ich jetzt nicht mehr. Aber immer noch nicht fit genug, um mich dolle über den Blitzer aufzuregen. Ich glaube, ich war langsamer als 100 km/h, mein Führerschein ist also sicher.

Wasser

Nach meiner langen Rückreise schlafe ich am nächsten Morgen erst einmal aus. Das habe ich mir verdient. Nach dem Mittagessen stehe ich aber schon wieder in meinem Bus, um mich um den nächsten Einbau zu kümmern: Die Spüle.

Der Ausschnitt, in den die Spüle hineinkommt, ist schon an ihre Größe angepasst. Damit das alles platztechnisch so hinhaut, habe ich die Spüle schon vor einigen Wochen bestellt.

Mit einem fertigen Set ist es ganz einfach, ein System mit Zu- und Abwasser zu planen. Frisch- und Abwasserkanister, Pumpe, Spülbecken und alle Verbindungsschläuche sind bereits inklusive. Besonders clever finde ich den im Wasserhahn eingebauten Schalter. Dreht man den Wasserhahn auf, schließt dieser nämlich einen Stromkreis, sodass die Tauchpumpe automatisch angeht.

Dass die Kanister quer auf den Millimeter genau unter die Küchenzeile passen, war zugegebenermaßen ein glücklicher Zufall.

Die Spüle klebe ich mit durchsichtigem Silikon in die Aussparung. Die Rohre anzuschließen, funktioniert sehr intuitiv, ein Schlauch geht von der Pumpe zum Wasserhahn, der andere vom Abfluss in den Abwasserkanister.

Noch kein Abschluss

An die Elektrik kann ich das Ganze leider noch nicht anschließen, da ich noch kein Kabel zur Batterie verlegt habe. Am Ende wird alles jedoch über einen Zigarettenanzünder-

Stecker angeschlossen, genau wie die Kühltruhe. Deshalb wird es reichen, zwei geschaltete Zigarettenanzünder-Steckdosen einzubauen.

Toolbox – diese Werkzeuge habe ich verwendet:
Silkonspritze
Wasserpumpenzange

Kosten & Zeitaufwand
120 Euro – Spülbecken-Set
5 Euro – eine Tube Silikon

Arbeitszeit: 2 Stunden

Wie viel Pfusch darf sein?

Ich gebe zu, ich nehme es bei meinen Arbeiten nicht immer hundert Prozent genau. Ein Beispiel: Nachdem ich Spüle und Kühltruhe eingebaut hatte, war in meiner Küchenzeile gerade noch Platz, um die Gasflasche meines Kochers liegend oberhalb der Wassertanks zu verbauen. Ich dachte: Passt schon! Sonntags veröffentlichte ich dann mein Video dazu.

Lebensgefahr

Kurz nach der Veröffentlichung häuften sich die Kommentare: «Verbau die Gasflasche auf keinen Fall liegend. LEBENSGEFAHR!» oder «Super Video, aber liegend kann man die Gasflasche nicht verwenden. Grüße.»

Etwas verunsichert recherchierte ich, was es damit auf sich hat. Bei Gabelstaplern sieht man ja auch oft Gasflaschen, die liegend verbaut sind. Tatsächlich stellte sich aber heraus, dass die Idee gar nicht so ungefährlich war und ich mir lieber eine andere Lösung überlegen sollte.

Durch meine YouTube-Videos schauen mir sehr viele Experten beim Arbeiten auf die Finger, und in den Kommentaren melden sich regelmäßig lautstark Experten, Schreiner, Kfzler oder Elektriker zu Wort und weisen mich auf meine Fehler hin.

Learning by Doing

Einige vergessen dabei, dass ich ein 18-jähriger Anfänger ohne jegliche Vorkenntnisse bin. Mein Ziel ist es, dass die Dinge funktionieren, nicht mehr und nicht weniger. Niemand ohne Ausbildung und Erfahrung wird von Anfang an perfekte Möbel bauen. Wenn man wie ich alles nach dem Learning-by-Doing-Prinzip macht, gehört ein bisschen Pfusch einfach dazu, um irgendwann in der Lage zu sein, nicht mehr zu pfuschen.

Doch für die Kommentare zur Gasflasche war ich definitiv dankbar.

Kühltruhe und Gaskocher

Seit mindestens acht Jahren esse ich jeden Morgen dasselbe: Müsli mit Milch. Ohne mein morgendliches Müsli bin ich nur ein halber Mensch. Das ist der Hauptgrund, wieso ich eine Kühltruhe brauche: um Milch zu kühlen.

Echt cool, Mann

Ich entscheide mich für eine Kühlbox mit Peltier-Element, auch thermoelektrische Kühlbox genannt. In einem Onlineshop finde ich ein Ausstellungsmodell für 30 Euro, und sie passt auch noch perfekt unter meine Spüle.

Not so hot

Beim Einbau meines Gaskochers kommt es dann, wie ich beim Thema Pfusch schon erzählt habe, beinahe zur Katastrophe – ich übertreibe etwas. Fast hätte ich übersehen, dass Gasflaschen nicht liegend verbaut werden dürfen. Nicht auszudenken, was passiert wäre, wenn Flüssiggas in den Druckminderer gelangt wäre und zu einem Überdruck im Kocher geführt hätte. Jetzt brauche ich eine Alternative.

Die einzige mögliche Alternative zu meinem verbauten Gaskocher ist ein Kartuschen-Kocher.

Die fand ich eigentlich immer total halbherzig, und es ist nervig, dass man die Kartuschen oft wechseln muss. Doch mir bleibt keine andere Wahl. Schade um den schönen blauen Campingkocher, den ich schon gekauft habe. Den werde ich wohl zusammen mit der Gasflasche auf eBay inserieren.

Doch was mache ich mit der Aussparung, die jetzt links vom Waschbecken in der Küchenzeile ist? Ein Kartuschen-Kocher passt da auf keinen Fall rein.

Toolbox – diese Werkzeuge habe ich verwendet:

Akkuschrauber

Stichsäge

Kosten & Zeitaufwand

ca. 30 Euro – Kühlbox mit Peltier-Element (Ausstellungsstück)

15 Euro – Schubladenschienen

40 Euro – Kartuschen-Kocher

Arbeitszeit: 2 Tage

Bad und Solardusche

Die Gaskocher-Mulde möchte ich gerne in ein kleines Bad verwandeln. Ich habe schon genau vor Augen, wie das Klappbad am Ende aussehen wird: Es soll an der Rückseite mit Scharnieren befestigt sein, der Spiegel an der Innenseite. So kann man es einfach hochklappen und hat ein voll funktionstüchtiges Bad. Unter dem Spiegel verläuft ein Gummiband, in das man Zahnbürste, Zahnpasta und Rasierer klemmen kann. Über dem Spiegel will ich außerdem eine LED-Leiste anbringen.

Ein Bad zum Klappen

Man kann etwas viel schneller bauen, wenn man ein genaues Bild davon hat, wie es am Ende aussehen soll. Als Erstes schraube ich eine Leiste an das Brett, damit die Gegenstände, die man in das Gummiband klemmt, nicht herunterrutschen. In eine gleich große Leiste fräse ich mit dem Dremel eine Rille für das LED-Band. Nachdem ich das Band eingeklebt habe, befestige ich die Leiste am Brett. Mit dem Glasschneider schneide ich einen großen Spiegel so zurecht, dass er perfekt in das Klappbad passt. Über den Spiegelrahmen gehe ich mehrfach mit Schleifpapier und streiche ihn mit dunkler Holzlasur. Auf die Rückseite des Bads kommt ein Alu-Riffelblech, damit ich dort meinen Kocher aufstellen kann, wenn das Bad zugeklappt ist. Ich bin ziemlich stolz auf diese Notlösung!

Eine Dusche auf dem Dach

Mein Bus besitzt jetzt zwar ein Klappbad, doch ein vollwertiges Bad ist das noch nicht. Dazu fehlt noch eine Dusche. Nino hatte einen wirklich guten Vorschlag, der im DIY-Camper-Bereich recht verbreitet ist: ein Abflussrohr. Was sich zunächst nicht gerade nach einer angenehmen Dusche anhört, ist eine clevere und einfache Lösung, um eine Dusche ohne Energieaufwand zu betreiben.

Im Baumarkt kaufe ich ein Abflussrohr mit ca. 15 Zentimeter Durchmesser und befestige es mit Rohrschellen aus Metall auf dem Dach. Das Rohr lackiere ich mattschwarz, was gut aussieht. Außerdem absorbiert das Rohr so mehr Wärme, wodurch sich das Wasser im Rohr schneller aufwärmt, wenn die Sonne darauf scheint.

An die eine Seite des Rohres kommt eine praktische Wartungsöffnung mit einem Schraubverschluss, auf die andere ein einfaches Endstück mit einem Gartenschlauchventil. Man muss nur einen Gartenschlauch mit einem Duschkopf anschließen und das Ventil aufdrehen. Durch die Höhe des Busses entsteht genügend Druck, um sich abzuduschen. In das Rohr passt genug Wasser, um sich drei bis vier Mal zu duschen. Schon ist die Dusche fertig!

Toolbox – diese Werkzeuge habe ich verwendet:
Lötkolben
Dremel
Pinsel
Akkuschrauber
Heißklebepistole

Kosten & Zeitaufwand
ca. 5 Euro – billiger Spiegel
10 Euro – Glasschneider
ca. 4 Euro – Holzleisten
ca. 15 Euro – Zuschnitt, der genau in die Mulde passt
ca. 6 Euro – zwei Scharniere
ca. 3 Euro – zwei Magnetschnäpper
ca. 12 Euro – Aluminium-Riffelblech
ca. 20 Euro – Abwasserrohr
ca. 4 Euro – Schellen aus Metall
ca. 8 Euro – Wartungsöffnung für Abwasserrohr
ca. 6 Euro – Endstück mit Gartenschlauchventil
ca. 0 Euro – Gartenschlauch (aus dem Garten geklaut)
ca. 5 Euro – Duschkopfaufsatz für Gartenschlauch
3,50 Euro – Mattschwarze Farbe für Rohranstrich

Arbeitszeit: 4 Stunden

Abschied von Jasmin

Die letzten Wochen und Monate vergingen wie im Flug. Ich war eigentlich fast rund um die Uhr mit meinem Bulli beschäftig. «Und deine Freundin macht das mit?», werde ich oft ungläubig gefragt. «Dann steht sie bestimmt selbst aufs Schrauben», folgt dann meist. Wenn ich das verneine, ist mein Gegenüber meist noch erstaunter.

Ich finde, nur weil ich total auf dieses Bulli-Projekt abfahre, muss das meine Freundin noch lange nicht. Natürlich ist es hilfreich, dass sie meiner Bus-Träumerei und -Bastelei nicht völlig abgeneigt ist. Ihr gefällt mein Bus und was ich tue, aber sie hat eben ihre eigenen Hobbys.

Die Uhr tickt

Und so langsam rückt auch Jasmins Abreise ans andere Ende der Welt, nach Neuseeland, näher. Bei aller Bulli-Schrauberei vergesse ich das manchmal. Umso schmerzhafter wird mir diese Tatsache aber bewusst, wenn wir zusammen sind. Ich werde sie sehr vermissen und habe manchmal fast das Gefühl, dass sie selbst gar keine so große Lust mehr auf ihre Reise hat. Aber vielleicht ist das auch eher Wunschdenken, denn sie fliegt natürlich hin.

Adieu, Cherie!

Als es dann wirklich so weit ist, kann ich mir gar nicht richtig vorstellen, wie es sein wird, wenn sie nicht mehr da ist. Obwohl wir erst seit einem halben Jahr zusammen sind, gehört sie mittlerweise fest zu meinem Leben dazu. Ich hoffe wirklich, dass unsere noch frische Liebe die lange Trennung übersteht. Ich werde mich einfach mit meinem Bulli ablenken, solange sie weg ist. Was auch sonst?!

Elektronik

Als Erstes nehme ich mir also ein weiteres Großprojekt vor: die Elektronik. Dabei ist es am wichtigsten, ein Bild vom komplett fertigen Ausbau im Kopf zu haben. Nur so kann man von vornherein wissen, wo die Kabel genau verlegt werden müssen, damit sie am Ende nicht stören. Nino hat mir einen Spannungswächter empfohlen. Dieser trennt den Stromzufluss von allen Verbrauchern, sobald die Batteriespannung unter elf Volt fällt, und schützt die Zweitbatterie so vor einer Tiefentladung.

Elektronik für Anfänger

Ein bisschen lernt man ja in der Schule schon über Stromkreise und Schaltungen. Ich glaube, das ist einer der ganz wenigen Fälle, bei dem ich mein Wissen aus der Schule anwenden kann.

Wirklich viel Elektronik-Wissen benötigt es nicht, um sich einen Camper einzurichten. Eine Autobatterie hat mit zwölf Volt nur drei Volt mehr als eine gewöhnliche Batterie aus einer Fernbedienung – damit besteht schon mal keine Stromschlaggefahr. Das Schlimmste, was passieren kann, ist, dass man einen Kurzschluss produziert. Das kann geschehen, wenn man die beiden Pole der Batterie verbindet, ohne einen Verbraucher dazwischen zu schalten. Im Extremfall besteht dann sogar Brandgefahr.

Schritt für Schritt

Mit diesem Hintergedanken schließe ich vorsichtig den Minuspol der Batterie an die Karosserie an. Jetzt muss ich natürlich besonders darauf achten, mit dem Pluspol nicht an die Karosserie zu kommen, um einen Kurzschluss zu vermeiden.

Ich arbeite mich von den Verbrauchern aus in Richtung Batterie, um im letzten Schritt die Kabel an die Polklemmen anzuschließen. Zur Sitzbank, die später gegenüber von der Küche eingebaut wird, muss auch ein Kabel verlegt werden, da ich dort einen LED-Streifen einbauen möchte.

Die beiden Zwölf-Volt-Steckdosen sind schnell an der Unterkonstruktion meiner Küche befestigt.

Auf dem Weg von den Steckdosen zur Batterie folgen dann die einzelnen Schalter für die Verbraucher, mit denen sich Kühlschrank, Licht und Wasserhahn einzeln ein- und ausschalten lassen. Dann kommt der Spannungswächter, ein Hauptschalter und am Schluss die Batterie.

Was rauscht da?

Ein bisschen Respekt habe ich dann schon, als ich den Hauptschalter umlege. Ich habe nämlich noch keine Sicherungen eingebaut, und falls ich irgendwo ein Kurzschluss produziert habe, wird mir gleich der Bus abfackeln. Im schlimmsten Falle.

Knips! Irgendwo beginnt es zu rauschen. Die Kühlbox! Eifrig dreht sich ihr Ventilator. Mein Bus erwacht zum Leben! Ich scheine alles richtig verkabelt zu haben.

Safety first

So ungeduldig wie ich sollte man eigentlich auf keinen Fall sein. Sicherungen sind extrem wichtig bei so einer großen Batterie, da diese die dünnen Kabel bei einem Kurzschluss mit Leichtigkeit zum Glühen bringen und so einen Brand verursachen kann.

Zum Glück gibt es aber Sicherungshalter, die man bei Kabeln einfach dazwischenclipst. Diese rüste ich zwei Tage später verantwortungsbewusst nach. Brandgefahr gebannt!

Toolbox – diese Werkzeuge habe ich verwendet:

Schraubendreher
Abisolierzange
Crimpzange
Seitenschneider

Kosten & Zeitaufwand

ca. 10 Euro – Kabel
ca. 15 Euro – Hauptschalter
ca. 6 Euro – Steckdosen
ca. 3 Euro – Einzelschalter
ca. 4 Euro – Sicherungen
3 Euro – Sicherungshalter

Arbeitszeit: 6 Stunden

Bett

Wo kommt eigentlich dein Bett hin?» oder «Schöne Küchenzeile, aber wo willst du schlafen?!»
Solche Kommentare häufen sich in letzter Zeit unter meinen Videos. Na, ganz einfach: auf der Küche.

Ein Küchenbett

Zugegeben, dass ich später auf meiner Küchenzeile schlafen werde, ist eine etwas untypische Lösung. Doch wenn man darüber nachdenkt, ergibt es ziemlich viel Sinn: Beim Schlafen braucht man kaum Platz nach oben. In vielen Wohnmobilen schläft man auch über dem Fahrerhaus, im sogenannten Alkoven. Und da ist deutlich weniger Platz nach oben, als in meinem Bett sein wird. Und mit meiner Lösung habe ich trotz des begrenzten Raumes meines Bullis Platz für ein Bett mit zwei Metern Länge und ein Meter vierzig Breite.

Aus eins mach zwei

Mein ursprünglicher Plan hat eigentlich nur ein Einzelbett vorgesehen, das inklusive Matratze vor den Fenstern der Küche verstaut werden kann. Aber dann kam Jasmin. Und auch wenn ich meine erste große Reise alleine antreten werde, wollen wir irgendwann auch mal zu zweit wegfahren. Mein System ist zum Glück sehr leicht zu erweitern. Dazu nehme ich einfach eine zweite Bettplatte und verbinde die beiden Bretter mit über 20 Metallscharnieren. Den Klappmechanismus, um das Bett zu verstauen, realisiere ich über große Türscharniere. Es gilt unbedingt zu verhindern, dass das Ganze nachts einmal zusammenbricht.

Drei in eins

Gegenüber von der Küchenzeile kommt die Sitzbank. Diese hat in meinem Konzept eine Dreifach-Funktion: Man kann darauf bequem über die ganze Länge des Innenraums hin und her rutschen, sie dient als Stauraum für die zweite Matratze und ist die Auflagefläche für das Bett im ausgeklappten Zustand.

Mit dieser Bettkonstruktion kann ich mich tagsüber im Bus frei bewegen – gerade an Regentagen praktisch – und habe nachts ein schönes großes Bett zum Kuscheln mit Jasmin. Ich freue mich, das Bett nach ihrer Rückkehr auszuprobieren.

Toolbox – diese Werkzeuge habe ich verwendet:
Akkuschrauber
Bohrmaschine
Stichsäge
großer Pinsel
Flex

Kosten & Zeitaufwand
40 Euro – OSB-Platten fürs Bett, 12 mm stark
40 Euro – 20 Metallscharniere
ca. 12 Euro – 3 große Türscharniere
90 Euro – 2 Matratzen von Ikea

Arbeitszeit: 3 Tage

Arbeiten zu jeder Jahreszeit

Die Arbeiten an meinem Bulli dauern jetzt schon ziemlich lange an. Gekauft habe ich ihn im Spätsommer, als es noch angenehm warm war. Das waren noch Zeiten, als ich in T-Shirt und kurzer Hose beim Schrauben geschwitzt habe.

Eiskaltes Händchen

Mittlerweile ist es Winter, und mir fallen beim Arbeiten im Bus vor Kälte fast die Finger ab. Und mit Handschuhen zu hantieren ist eher unpraktisch. Beim Einbau der Küchenzeile habe ich meinen Heißluftföhn als Heizung missbraucht – mit dem unschönen Ergebnis, dass ich mir ein Loch in meine frisch folierte Klappe gekokelt habe. Der Sticker, den ich zur schnellen Reparatur darübergeklebt habe, wird mich immer an dieses Missgeschick erinnern.

Frost, lass nach

Damit so etwas nicht wieder vorkommt, habe ich mir nun doch einen Heizlüfter besorgt. Es ist einfach Quatsch, unnötig zu frieren, wenn man so einfach für Abhilfe sorgen kann. Beim Arbeiten mit dem laufenden Heizlüfter merke ich, dass ich den Bus echt gut isoliert habe. Nach kurzer Zeit gerate ich bereits ins Schwitzen und kann das Teil wieder abschalten.

Sitzbank

Ich habe mir das Ziel gesetzt, die Grundkonstruktion der Sitzbank an einem Tag zu schaffen. Um schneller zu arbeiten, verwende ich ein paar Tricks: das Wichtigste ist wieder, das genaue Bild vom Endergebnis im Kopf zu haben. Um noch zielorientierter arbeiten zu können, bringe ich meinen Sitzbank-Plan dieses Mal inklusive aller genauen Maße sogar auf Papier. Außerdem fertige ich mir Schablonen an. Das geht mit Schere und Karton – hier kommen mir meine vielen Bestellungen der letzten Monate zugute.

Ein Hoch auf Schablonen

Zuerst fertige ich eine Schablone von der Seite der Bank an, die an der Karosserie anliegen wird. Anschließend nehme ich ein Reststück von einer OSB-Platte und säge diese genau nach der Schablone zu. Ohne solche Schablonen ist es fast unmöglich, die Sitzbank passgenau hinzubekommen, denn in meinem Bus gibt es kaum einen rechten Winkel. Die Wände gehen schräg hoch, und auch nach hinten wird der Bus schmaler.

Sitzbank-Puzzle

Die Rückseite der Bank, die an der Wand anliegt, besteht aus einer OSB-Platte, die ich genau nach meiner Schablone zusäge. Die beiden Seiten der Bank verbinde ich anschließend mit Standard-Vierkanthölzern. Die OSB-Optik finde ich zu unruhig, deshalb streiche ich die Seiten mit weißer Wandfarbe.

In die Aussparung in der Bank wird ein Balken als Träger eingelegt, der sehr viel Gewicht tragen muss. Deshalb schraube ich dort hinter die Platte ein zusätzliches Vierkantholz.

Die Sitzfläche ist schnell mit drei Scharnieren angeschraubt, ebenso die Rückenlehne. Leider ist diese deutlich niedriger geworden, als ich es mir vorgestellt habe. Da sie aber auf der gleichen Höhe wie mein Küchenblock abschließen muss, damit mein Bett waagerecht aufliegt, habe ich hier keinen Spielraum.

Bequemer sitzen

Für die vordere Verkleidung der Bank verwende ich die gleichen Platten wie für die Innenverkleidung des Busses. Im Baumarkt schneiden sie mir alles wie immer absolut perfekt zu.

Auf dem Weg dorthin bin ich an einer Polsterei vorbeigekommen und habe mich ganz spontan entschieden, mir dort Polster zu besorgen. Die genauen Maße hatte ich ja praktischerweise dabei.

Meine Mutter näht mir dazu passende Bezüge in meiner Lieblingsfarbe Rot. Im Umgang mit der Nähmaschine bin ich nämlich wirklich eine Niete.

Wie Weihnachten

Jetzt muss ich nur noch die LED-Leiste an die Front der Bank anbringen. Ich ziehe die Kabel unter der Bank durch und tackere sie fest. Dann löte ich, was der Lötkolben hergibt, denn es ist schon 20 Uhr und noch dazu eiskalt. Aber ich will das hier heute fertig kriegen. Um 23 Uhr ist es endlich geschafft, ich lege den Schalter der Beleuchtung um. Andächtig stehe ich vor dem hell beleuchteten Bus wie ein Kind vorm glitzernden

Weihnachtsbaum. In diesem Moment sind die kalten Finger, die Müdigkeit und Anstrengung vergessen. Ich habe noch nie so etwas Schönes gebaut. Ich bin glücklich. Und hundemüde.

Toolbox – diese Werkzeuge habe ich verwendet:

Lötkolben
Tacker
Schere
Crimpzange
Abisolierzange
Seitenschneider
Stichsäge
Bohrmaschine
Akkuschrauber
Pinsel
Gehrungssäge

Kosten & Zeitaufwand

15 Euro – LED-Leiste
15 Euro – OSB-Platten, nach Maß zugeschnitten
10 Euro – Vierkanthölzer
32 Euro – Sitzpolster, angefertigt nach Maß
15 Euro – Scharniere
8 Euro – Holzverkleidung

Arbeitszeit: 1 Tag

Boden

Ich habe eine starke Abneigung gegen PVC. Das ist als Bodenbelag zwar günstig, praktisch und pflegeleicht, aber irgendwie kann ich mir diesen Belag einfach nicht in meinem Bus vorstellen. Vielleicht rührt meine Ablehnung gegen PVC aus meiner Kindheit her. In meiner Grundschule hatten wir früher einen grauen, eintönigen PVC-Boden, der sich an vielen Stellen gewellt hat. Den mochte ich schon als Kind nicht.

Boden de luxe

Außerdem habe ich Lust auf etwas Exklusives für meinen Bulli. Also schlendere ich durch die Bodenabteilung im Baumarkt. Viele Platten brauche ich nicht, und ich möchte mir diese vor dem Kauf unbedingt in echt anschauen. Deshalb kaufe ich dieses Mal nicht online – obwohl es bestimmt günstigere Angebote gegeben hätte.

Echtholz oder Holzoptik

Kirschholzparkett sieht super schön aus. Aber die Platten sind sehr dick und schwer und deshalb für meinen Camper leider ungeeignet. Am Ende entscheide ich mich für dünne Laminatplatten. Diese sind zwar auch nicht aus echtem Holz, aber im Gegensatz zu PVC können sie sich nicht wellen. Laminatplatten sind außerdem relativ einfach zu verlegen, leicht und so dünn, dass ich nach oben zur Decke nur wenig Luft verliere.

Ein Paket reicht für vier Quadratmeter, was für mich natürlich viel zu viel ist. Kleinere Pakete gibt es aber nicht. Irgendwann kann ich den Rest bestimmt für irgendetwas gebrauchen.

Ich entscheide mich für eine neutrale Holzoptik, die zu den weißen Wänden keinen zu krassen Kontrast bildet.

Lückenlos

Das Verlegen des Bodens ist am Ende dann doch nicht so einfach wie gedacht. Da der Bus sich nach hinten verjüngt, ist auch der Gang zwischen Küche und Bank nicht ganz gerade. Indem ich eine Platte anlege, mit kleinen, unauffälligen Schrauben befestige und anschließend den Abstand der Kante zur Bank messe, lassen sich Platten einpassen. Dafür laufe ich oft bis zu drei Mal in die Werkstatt in den Keller, um die Platten genau auf Maß zu bringen. Ich möchte auf keinen Fall unschöne Spalten in meinem Boden haben.

Bevor ich die kleinen Schrauben in das Parkett bohre, senke ich einen kleinen Kegel in die Oberfläche, damit der Schraubenkopf schön eben abschließt. Dafür gibt es spezielles Werkzeug, ich nehme aber einfach einen großen HSS-Bohrer, der ebenfalls eine kegelförmige Spitze hat.

Fahrendes Wohnzimmer

Zum Schluss wische ich mit einem feuchten Lappen über den Boden. Erstaunlich, was so ein paar Laminatplatten für einen Unterschied machen können. Vorher sah der Bus mit seinen rohen OSB-Platten noch wie eine Baustelle aus, jetzt wirkt er wie ein richtiges Wohnzimmer. Nun kann ich mir richtig gut vorstellen, fünf Monate mit diesem Gefährt unterwegs zu sein.

Toolbox – diese Werkzeuge habe ich verwendet:

Stichsäge

Bohrmaschine

Akkuschrauber

Kosten & Zeitaufwand

20 Euro – Laminat in Holzoptik, 4 m^2

4 Euro – kleine Schrauben

Arbeitszeit: 6 Stunden

Soundanlage

Eigentlich fand ich eine teure Soundanlage immer unnötig. Doch Ninos Anlage hat mich schwer beeindruckt. Das klang so cool und hat das Cruisen mit dem Bus noch schöner gemacht. Als ich auf der Rückfahrt dann wieder die Musik aus meinen beiden winzigen Hochtönern scheppern hörte, war mir klar, dass ich mir zum Geburtstag lieber neuen Sound für meine Ohren wünsche statt neue Sitzbezüge.

Überraschung!

Da ich meiner Familie mein Wunschgeschenk explizit mitgeteilt habe, ist der Überraschungseffekt am Geburtstagsmorgen eher klein. Aber als ich das riesige Geschenk auspacke, bin ich dann doch überrascht: Statt dem Logo von Crunch leuchtet mir das Hifonics-Logo entgegen. Das ist definitiv nicht das Modell, das ich mir gewünscht habe.

Schnell klärt sich, dass meine Eltern zwar das richtige Modell bestellt haben, aber das falsche geliefert wurde. Da diese Soundanlage jedoch viel hochwertiger ist als die ursprünglich bestellte, behalte ich sie und freue mich über das zufällige Schnäppchen.

Für alles ein Plätzchen

Der Subwoofer passt praktischerweise perfekt neben die Matratze unter die Sitzbank. Auch der Verstärker hat die idealen Maße zum Verstauen unter der Beifahrerbank. Zur einfacheren Montage baue ich die Sitzbank aus. Der Boden im Fahrerhaus besteht aus einer nicht verklebten Gummimatte, die direkt auf dem Blech liegt. Ich mache neben dem Verstärker einfach einen kleinen Schlitz, durch den ich das Stromkabel zur Batterie führe. Auch die Anschlusskabel zum Radio führe ich unter der Bodenmatte hindurch.

Der aufwendigste Part ist das Installieren der Mitteltöner. Auf der Fahrerseite kommt einer in den Hohlraum im Türfach, in dem sonst auch der serienmäßige Lautsprecher verbaut ist. Auf der Beifahrerseite gibt es diesen Hohlraum nicht, weshalb ich den Mitteltöner ins Handschuhfach packe.

Das Handschuhfach passe ich mühevoll mit einer eingeklebten Schablone und einer Stichsäge an. Die Säge ist nur mäßig für Plastik geeignet, aber es geht schon irgendwie. Die Montage des Lautsprechers in der Fahrertür ist hingegen unproblematisch.

Die Kabel vom Lautsprecher an der Fahrertür müssen von links bis nach rechts zum Beifahrersitz verlegt werden. Gut, dass der T4 hinter dem Armaturenbrett jede Menge Platz hat. Am Ende ist es dann doch eine erstaunliche Anzahl an Kabeln, die unter dem Gummiboden verstaut werden müssen. Flach nebeneinandergelegt funktioniert das aber trotzdem, ohne sich abzuzeichnen.

Gänsehaut-Sound

Der erste Test der neuen Anlage soll mich richtig vom Hocker hauen. Dafür nehme ich eine Bass-Test-Playliste von Spotify. Das Lied fängt erst einmal ohne Bass an. Mit Leichtigkeit füllt die Anlage den gesamten Innenraum mit vollem Klang. Ich drehe die Lautstärke etwas auf. Der Bass setzt ein. Ich bekomme Gänsehaut und die Karosserie fängt an zu scheppern. Da muss ich wohl hier und da noch etwas besser befestigen. Aber der Sound ist perfekt. Was für ein toller Geburtstag!

Toolbox – diese Werkzeuge habe ich verwendet:
Stichsäge
Akkuschrauber
Abisolierzange
Crimpzange
Seitenschneider

Kosten & Zeitaufwand
ca. 150 Euro – Soundanlage
ca. 20 Euro – Mitteltöner
10 Euro – Kabel

Arbeitszeit: 5 Stunden

Jasmins Rückkehr

Nach zwei Monaten kommt endlich Jasmin zurück, es ist mittlerweile JANUAR. Ich freue mich unheimlich und hole sie mit meinem fast fertigen Bulli vom Flughafen ab. Ich bin schon sehr gespannt, wie sie ihn finden wird, obwohl mir bewusst ist, dass sie nach so einem anstrengenden Flug bestimmt anderes im Kopf hat. Schlafen zum Beispiel.

Folierung

Vor Jasmins Ankunft habe ich noch eine letzte große Arbeit in Angriff genommen: den Bus außen zu folieren. Der Einfachheit halber wollte ich statt einem gleichmäßigen Muster ein eckiges Tarnmuster aus schwarzer, dunkelgrüner und hellgrüner Folie kleben. So musste ich keine großen Flächen blasenfrei hinbekommen. Ohne Anleitung machte ich mich vor zwei Tagen ans Werk. Leider war es draußen viel zu kalt zum Folieren. Die Folie brach einfach ab, wenn ich versuchte, sie wieder abzuziehen, um eine Stelle zu korrigieren. Ohne Rakel, so heißt das Profiwerkzeug zum blasenfreien Aufstreichen der Folie, war das Folieren außerdem ein sehr mühevoller und für meine Daumen schmerzhafter Prozess.

Willkommen zu Hause

Deshalb muss ich Jasmin schließlich mit einem nicht fertig folierten Bus abholen. Schade. Andererseits glaube ich nicht, dass sie sich daran stören wird. Nachdem ich meinen T4 unter einigem Hin und Her im engen Parkhaus am Frankfurter

Flughafen deponiert habe, stehe ich pünktlich am Ankunftsgate und warte mit einer Tüte Brezeln in der Hand auf meine Freundin. Jasmin hatte nämlich bei einem unserer Telefonate einmal gesagt, dass sie die Brezeln am meisten vermisst.

Und dann kommt sie endlich durch den Türbogen auf mich zu. Ich schließe sie in die Arme und weiß wieder ganz genau, was ich in den letzten Wochen vermisst habe. Am liebsten möchte ich Jasmin sofort mit den ganzen Busumbauten beeindrucken. Aber das wäre doch ein bisschen viel, also halte ich mich lieber etwas zurück.

Auf der Rückfahrt erzähle ich Jasmin von meiner problemlosen Fahrt zum Flughafen ohne Reifenpannen; sie erzählt von unglaublichen Landschaften, langen Wanderungen, Sonnenbrand und Weihnachten am Strand im Bikini. Irgendwann wird es leiser im Auto, und ich merke, dass Jasmin und ihre Freundin eingeschlafen sind. Klar: Zeitverschiebung.

Unterschlupf bei Jasmin

Die nächsten zwei Wochen verbringe ich komplett bei Jasmin. Nicht nur weil ich glücklich bin, dass sie wieder da ist. Sondern auch, weil ich in der großen Garage ihrer Eltern meinen Bus fertig folieren darf. Im warmen, geschützten Raum geht mir die Arbeit schnell von der Hand, und es ist toll zu sehen, wie sich mein Bulli verwandelt.

Stück für Stück setze ich die Folierung zusammen, komplett ohne Plan und einfach nach Gefühl. Hier würde sich Hellgrün gut einfügen, dort ist eine Linie erkennbar, die sich fortsetzen lässt. Als ich das letzte Stück Folie aufklebe, hab ich die Nase vom Folieren gestrichen voll und zwei wunde Daumen. Das Ergebnis kann sich aber sehen lassen.

Toolbox – diese Werkzeuge habe ich verwendet:
Daumen – einfacher geht es aber mit einem Rakel
Cutter
Sprühflasche mit Spüliwasser
Aceton zur Reinigung
Lineal zum geraden Abschneiden

Kosten & Zeitaufwand
ca. 80 Euro – billigste Folie (4 Euro / m^2)
8 Euro – eine Dose Aceton

Arbeitszeit: 3 Wochen

Vorhänge und Safe

Seit Jasmins Rückkehr würde ich am liebsten jede Minute mit ihr verbringen. Oder besser gesagt: mit ihr und dem Bus. Da Jasmin aber bereits ihr Praktikum angefangen hat und wir uns deshalb eh nur abends sehen können, habe ich Zeit, letzte Handgriffe an meinem Bus vorzunehmen und meine Reise genauer zu planen.

Mein Traum vom Alleinreisen

Immer wieder kommt mir der Gedanke, wie schön es wäre, Jasmin mitzunehmen. Dann mache ich mir wieder bewusst, warum ich den Bus überhaupt gekauft habe, und die Freude auf das Alleinreisen kommt zurück. Das ist mein großes Abenteuer, auf das ich in den letzten Monaten mit allen mir verfügbaren Mitteln an Geld, Zeit und Geschick hingearbeitet habe. Und jetzt ist der Moment gekommen, ins weite Unbekannte zu starten; den Traum aus meiner Geschichtsstunde wahr werden zu lassen.

Zugezogen

Doch vorher braucht mein T4 noch Vorhänge, sonst kann mir ja jeder beim Schlafen zuschauen. Kein sonderlich angenehmer Gedanke. Natürlich habe ich mir wieder etwas Spezielles überlegt: statt Vorhänge aus Stoff möchte ich dünne, weiße MDF-Platten nehmen. Mit Styropor beklebt, dunkeln die Platten die Fenster ab und isolieren sie zugleich gegen Kälte. Ich schneide die Platten zu, tackere oben und unten Magnetstreifen dran, und schon lassen sie sich ganz einfach in die Fenster klemmen.

Alles Safe

Für meine Wertsachen habe ich mir auch eine unkomplizierte und günstige Lösung überlegt. Ein Safe ist mir zu schwer und zu teuer. Deshalb kaufe ich eine große, wasserdichte Outdoorbox und schraube sie in eine der Klappen. Mit einem Schloss lässt sich die Box sichern, und mein Laptop und andere Wertsachen sind einigermaßen geschützt. Das ist zwar nicht Panzerknacker-safe, aber besser als nichts.

Toolbox – diese Werkzeuge habe ich verwendet:
Stichsäge
Cutter
Silikon
Akkuschrauber
Tacker

Kosten & Zeitaufwand
ca. 15 Euro – MDF-Platten
ca. 10 Euro – Styropor
ca. 30 Euro – wasserdichte Outdoorbox
ca. 10 Euro – Magnetstreifen

Arbeitszeit: 3 Tage

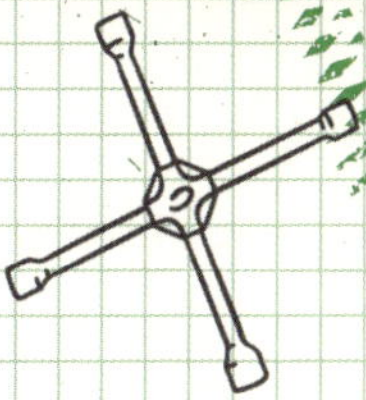

Die Reise geht los

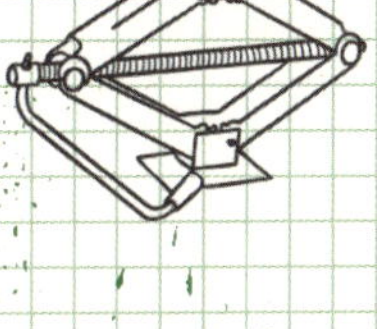

Kurz vorm Ziel

In den letzten Tagen habe ich viele Freunde getroffen, um mich zu verabschieden. Meinen Schulfreund Ferdi zum Beispiel, den ich seit dem Abitur nicht mehr getroffen habe. Da ich mit meinem Bus-Projekt beschäftigt war und er schon studiert, hatten wir kaum Zeit, uns zu sehen.

Und auch Tobi, meinen YouTube-Bekannten aus Karlsruhe, der mir beim Einbau der Bremsen geholfen hat, sehe ich für einen kurzen Abend wieder. Wir unterhalten uns über meine genauen Reisepläne und darüber, was er sich für die Zukunft noch vorgenommen hat. Eine Weltreise will er nach seiner Ausbildung machen. Oder lieber doch auch einen Bus kaufen?

An der Nulllinie

Es gibt so viele Möglichkeiten, wie man mit seinem Leben nach dem Abitur weitermachen kann. Der Schulabschluss ist so etwas wie eine Nulllinie, von der aus man überallhin kann. Das ist eine große Freiheit, aber auch eine große Herausforderung. Denn nicht jeder weiß nach dem Abschluss schon, was er den Rest seines Lebens machen will.

Zu Beginn habe ich meine Klassenkameraden, die nach dem Abi genau wussten, wie es beruflich weitergehen soll, beneidet. Viele schienen eine klare Sicht auf ihre Zukunft zu haben, während ich eher durch eine verschmutzte Windschutzscheibe in mysteriösen Nebel starrte.

Ein Projekt zum Wachsen

Doch das Bulli-Projekt hat mich aufgefangen, mir eine Aufgabe gegeben. Das brachte mich im ersten Moment vielleicht nicht beruflich nach vorne, aber hat mich und meine Fähigkeiten definitiv wachsen lassen. Ich bin mir sicher, das kann ich später erfolgbringend einsetzen. Außerdem war der Bulli-Ausbau ein unglaubliches Vergnügen, und das eigentliche Ziel meines Projekts, die große Reise, liegt sogar noch vor mir. Ich bin gespannt, was ich dabei alles erleben und lernen werde. Bestimmt eine Menge. Und mit der Reise bleiben mir weitere fünf Monate Zeit, mir zu überlegen, wohin ich mein Leben nach der Bulli-Zeit steuern will.

Später ist nie

«Später will ich mir auch mal so einen Bus kaufen oder eine Weltreise machen», hat mein Freund Tobi gesagt. «Irgendwann mache ich so was auch mal», schreiben viele unter meine YouTube-Videos. Oder: «Wahnsinn, dass du das machst. So etwas habe ich mir auch schon vorgenommen.» Ich finde es toll, dass ich die Menschen mit meinem Traum anstecken und inspirieren kann. Dass er bei vielen ebenfalls die Lust auf Neues, auf ein Abenteuer weckt. Denn ich glaube, in den meisten von uns steckt ein Abenteurer oder zumindest jemand, der gerne Neues ausprobieren will.

Aus Traum wird Wirklichkeit

Was mich an all diesen Aussagen stört, ist das «Irgendwann», das «Später», das «Vornehmen». Denn allzu oft bleibt es dabei. Man lebt sein Leben dann einfach weiter, mit dem Traum im

Hinterkopf und dem festen Vorsatz, ihn eines Tages Wirklichkeit werden zu lassen. Viel zu oft kommt dieser Tag aber nie.

Natürlich kann nicht jeder einfach alles stehen und liegen lassen und seinen Träumen nachrennen. Aber es gibt viele Punkte im Leben, an denen man Neues anpacken kann. Es muss ja nicht gleich die ganz große Veränderung sein. Vielleicht probierst du es für den Anfang mit einem kleinen Projekt, das sich einfacher realisieren lässt.

Oder du machst es so wie ich: Du hast einen Traum. Aus dem Traum wird ein Plan. Aus dem Plan werden konkrete To-dos. Aus den To-dos werden erste Schritte, und dann läufst du einfach los. Es ist egal, ob der erste Schritt nur das Zur-Seite-Legen von zehn Euro für deine Traumreise ist oder die Internet-Recherche nach einem passenden Fahrzeug oder Flug. Wenn du einen Traum hast, mach etwas daraus.

Wegweiser des Lebens

Mein Traum steht jetzt in eckigem Tarnmuster vor mir, und er wird mich auf seinen vier Rädern in die Zukunft fahren. Der Weg ist das Ziel, und ich bin mir sicher, unterwegs finde ich bestimmt auch den ein oder anderen Wegweiser, der mir sagen wird, wohin meine Reise – auch beruflich – gehen soll. Erst einmal losfahren!

Was muss mit?

Um mich mit den nötigen Vorräten auszustatten, fahre ich mit meinem Freund Ferdi in den Supermarkt.

«Meinst du, 800 Gramm Chili kann man alleine essen?», frage ich Ferdi, während ich Dosen mit Ravioli, Chili und sonstigen Eintöpfen in den Wagen lade.

«Wird schon sportlich», meint Ferdi nur. Aber Herausforderungen sind ja da, um sich ihnen zu stellen.

Viel Essen für wenig Geld

Da ich schon zu Hause in unserer gut ausgestatteten Küche kein Meisterkoch bin, werde ich auf der Reise nicht mit *Haute Cuisine* anfangen. Deshalb lade ich am Ende zwanzig Dosen verschiedenster kulinarischer Köstlichkeiten, fünf Packungen Müsli, mehrere Packungen Nudeln mit Pesto und andere Leckereien in den Einkaufswagen. Für unter hundert Euro bin ich jetzt für einige Wochen mit Essen versorgt. Richtig gut!

Vorräte gut verstauen

Im Bus verstaue ich alles in zwei Kunststoffboxen in den Schubladen – so purzelt beim Fahren nicht alles durcheinander – und habe immer noch reichlich Platz für andere Dinge, die man so braucht. Zum Beispiel Camping-Geschirr. Jasmins Eltern haben mir ein tolles Set zum Geburtstag geschenkt. Es sieht aus wie Porzellan, ist aber aus bruchfestem Plastik. Außerdem sind VW-Busse drauf. Echt cool. Dazu natürlich noch Besteck und ganz wichtig: einen Dosenöffner! Das wäre es gewesen, wenn ich auf der Reise trotz aller Vorräte hätte hungern müssen, weil ich die Dosen nicht aufbekommen hätte.

Das Praktische am Alleinreisen ist, dass man wirklich nicht viel braucht. Und im Notfall kann man Vergessenes noch unterwegs kaufen. Ich plane schließlich nur eine Tour durch Frankreich, Spanien und Portugal und nicht durch die Sahara.

Eiskalt erwischt

Heute verbringe ich die erste Nacht in meinem Bus. Zwar noch in der Einfahrt meiner Eltern, aber ein Testlauf kann nicht schaden.

Es ist schon dunkel, als ich meinen Schlafsack zum Bus trage. Wenn man die Panels vor die Fenster klemmt, den Vorhang zum Fahrerhaus schließt und im Bus das Licht brennt, ist das ein eigenartiges Gefühl. Es ist wie eine kleine Höhle, abgeschottet vom Rest der Welt und doch nur durch dünnes Blech davon getrennt. Trotz der Kälte finde ich es sehr gemütlich.

Quer durch Südeuropa

Schnell ziehe ich mich aus und krieche in meinen Schlafsack. Während ich mit verschlossenen Armen hinterm Kopf da liege und an die Decke starre, plane ich meine Reiseroute etwas genauer: Zuerst soll es an die französische Mittelmeerküste gehen, von dort immer an der Küste entlang durch Spanien bis nach Portugal und dann die Atlantikküste wieder hoch Richtung Norden. Irgendwo auf der imaginären Höhe von Bordeaux fallen mir die Augen zu.

Tiefgefroren

Um drei Uhr früh wache ich auf. Meine Nasenspitze und meine Ohren fühlen sich eiskalt an. Ich krieche tiefer in den Schlafsack, gebe nach zehn Minuten aber auf und hole mir aus dem Keller einen Heizlüfter. Für minus vier Grad ist weder mein Bus gut genug isoliert noch mein Zehn-Euro-Schlafsack geeignet. «Neuen Schlafsack besorgen», setze ich auf meine To-do-Liste, bevor ich im nun muckelig warmen Bus wieder einschlafe.

Und eine weitere Sache muss ich am nächsten Tag noch ausbessern: Die Verdunklungspanels brauchen Griffe. Einmal ins Fenster geklemmt, bekommt man sie ohne Griff kaum wieder heraus. Ich zerschneide ein Schlüsselband und schraube die Stücke mit Unterlegscheiben oben und unten an die Panels. Problem gelöst!

Letzte Besorgungen

Und es gibt noch weitere Dinge, die ich besorgen muss. Diese ganzen Kleinigkeiten machen mich ganz schwindelig im Kopf. Ich habe wirklich Angst, etwas Wichtiges zu vergessen. Irgendwie fand ich die Planung des Ausbaus und der Reparatur einfacher als die Vorbereitung zur Reise.

Cash to go

Um im Ausland zu zahlen, besonders bei den Autobahn-Mautstationen in Frankreich, brauche ich eine Kreditkarte. Habe ich natürlich nicht. Mir wurde jedoch eine Online-Bank empfohlen, die all meine Bedürfnisse erfüllt: Die Kreditkarte ist kostenlos, via App nutzbar, sie ist innerhalb von drei Tagen da, und ich kann meine Identität mit einem Videotelefonat verifizieren. Perfekt. Dafür funktioniert sie nach dem Prepaid-Prinzip, ich muss sie also erst durch eine Überweisung mit Geld aufladen. Das stört mich aber nicht.

Internet to go

Ich habe mir einen echt blöden Zeitpunkt für meine Reise ausgesucht, da das Roaming EU-weit erst in ein paar Monaten abgeschafft wird. Ich brauche also noch einen neuen Tarif, mit dem ich beim Surfen außerhalb Deutschlands nicht arm werde. Die Tarife sind alle überteuert, aber ohne mobiles Netz kann ich weder richtig navigieren noch meine YouTube-Videos hochladen. Am Ende habe ich aber eine neue SIM-Karte in der Tasche, die dieses Problem für mich löst.

Die Räder rollen

Packen muss ich nichts, ich habe die letzten Tage das meiste schon in den Bus eingeräumt. Um etwas Gewicht zu sparen, lasse ich das zweite Brett vom Bett zu Hause, genau wie die zweite Matratze. Werde ich ja nicht brauchen. Leider.

Ziel unbekannt

Wenn man in den Urlaub fährt, hat man ja normalerweise ein genaues Ziel, packt seine Koffer und fährt schnurstracks dorthin. Bei mir ist das nicht so. Das ist sehr ungewohnt, und deshalb fühle ich mich unvorbereitet. Wie eine Prüfung, für die man nicht gelernt hat, weil man nicht weiß, was abgefragt wird. Aber genau das war ja auch mein Ziel: einfach losfahren und jede Gelegenheit beim Schopf packen.

Der Sonne entgegen

Alle meine Leute und vor allem auch Jasmin zu verlassen, fällt mir sehr schwer. Das innere Faultier möchte das traute Heim nur sehr ungern aufgeben. Doch irgendwann muss ich einfach los, und so ist es schon 12 Uhr, als ich endlich auf die Autobahn fahre.

Doch wo ich jetzt mit vollem Tank der Sonne entgegen rolle, muss ich laut anfangen zu lachen. Genau so! Genau so habe ich es mir vorgestellt. Ich schalte meine Lieblings-Playlist an und lasse einfach die Eindrücke auf mich wirken. Bergauf muss mein Bus übel ächzen, mit teilweise nur 40 Kilometern pro Stunde krieche ich auf der Lkw-Spur hinauf.

Hallo und tschüs, Oma

Doch schon bald geht es hinunter ins Rheintal. Den ersten Stopp lege ich bei meiner Oma in der Nähe von Karlsruhe ein. Zum Abschied lasse ich mich noch mal von meiner Oma lecker bekochen – Dosenfutter gibt es in den nächsten Wochen noch genug. Die erste Nacht meiner Reise verbringe ich dann an einem tollen See dort in der Nähe.

Kleine Tipps für unterwegs

Schon am zweiten Tag meiner Reise suche ich den nächstgelegenen Baumarkt auf. Nein, an meinem T4 ist nichts kaputt gegangen, aber an meinem ersten Abend im Bus erreicht mich die Nachricht, dass der Bus von Freunden in Italien ausgeraubt wurde. Als die Jungs am Strand waren, wurde ihr Kastenwagen aufgebrochen und fast alles gestohlen, was sie dabei hatten.

Hilfe gegen Langfinger

Das soll mir auf keinen Fall passieren, also steuere ich einen Baumarkt bei Karlsruhe an und besorge mir gute Schlösser für meine eingebaute Outdoorbox. Das ist zwar nicht so sicher wie ein Safe, aber besser als keine Sicherheitsvorkehrung. Wer mit seinem Bus auf Reisen nicht nur auf Campingplätzen übernachtet und parkt – und auch hier kann natürlich eingebrochen werden –, dem empfehle ich dringend, in einen Safe oder eine sicher abschließbare Box zu investieren.

Parkplatz auswählen

Mit meinem neuen Safe im Gepäck geht es von Karlsruhe weiter nach Straßburg. Bevor ich eine Stadt ansteuere, die ich mir anschauen möchte, wähle ich auf der Karte vorab immer einen Parkplatz aus, den ich anvisiere. Das verhindert, dass man ziellos durch die Stadt eiert und in Stress gerät. Vom Parkplatz aus kann man dann mit den öffentlichen Verkehrsmitteln, dem Skateboard oder Fahrrad – je nachdem, was du dabei hast – auf Sightseeing-Tour gehen.

Übernachten kann man mit einem unauffälligen Van wie meinem eigentlich überall. Rechtlich bewegt man sich damit meistens in einer Grauzone und wird in der Regel toleriert. Nur von Autobahnraststätten würde ich abraten. Ich persönlich suche mir aber meistens ein Ziel auf dem Land aus, da das einfach entspannter ist.

In der Banlieue

Außerhalb von Städten eignen sich Pendlerparkplätze super für einen Stopp über Nacht, da sie sehr nah an der Stadt liegen. Auch in kleineren Ortschaften im Einzugsgebiet von großen Städten findet man oft ruhige Parkplätze, auf denen man stehen kann. Diese haben den Vorteil, dass man nicht ganz einsam steht, in Stadtnähe bleibt – besonders praktisch, wenn man am nächsten Tag eine weitere Besichtigungstour geplant hat – und das Parken dort oft auch erlaubt ist.

Mehr Komfort und Sicherheit

Wer sich auf öffentlichen Parkplätzen unwohl fühlt, kann auch einen Wohnmobil-Stellplatz ansteuern. Diese Plätze sind nur für Busse und Wohnmobile und eine Art Mini-Campingplatz. Es gibt meist sanitäre Anlagen und Strom, aber keinen weiteren Komfort, weswegen die Plätze deutlich günstiger als Campingplätze sind. Einige befinden sich sogar innerhalb des Stadtgebietes mancher Städte.

Toiletten-Tipp

Für mich als kloloser Reisender ist es in Städten natürlich immer ein Thema, wo ich zur Toilette gehen kann. Wenn ich in der Natur campiere, schnappe ich mir einfach einen Spaten und suche mir einen abgeschiedenen Platz, und schon habe ich mein privates stilles Örtchen. Kein Problem. In Städten bevorzuge ich die Toiletten von Fast-Food-Ketten, am liebsten McDonald's. Die Klos sind dort oft kostenlos und immer sauber. Außerdem gibt es sogar WLAN, was ich auf Reisen im Ausland gerne für weitere Reiserecherchen nutze. So spare ich beim Toilettengang noch Geld.

Alleinreisen ist nicht für jeden was

Nach Karlsruhe fahre ich gemütlich Richtung Frankreich und peile Straßburg an, die erste größere Stadt hinter der Grenze. Ich parke meinen Bus auf einem vorher ausgewählten Parkplatz und fahre mit meinem Pennyboard, einem sehr kleinen Skateboard, ins Zentrum. Das Straßburger Münster finde ich wirklich beeindruckend, aber ansonsten bietet die Innenstadt nicht viel Spannendes, und so fahre ich zurück zu meinem Bus, um mir etwas zu essen zu machen.

Auf meinem Fahrersitz futternd, suche ich im Internet nach Inspiration, wohin meine Reise als Nächstes gehen soll, als es an die Scheibe klopft. Vor der Tür stehen zwei Jungs in meinem Alter und fragen mich interessiert nach meinem Bus. Die beiden sehen sympathisch aus, und ich lade sie ein, sich alles anzuschauen. Spontan beschließen wir, bei einem der Jungs zu kochen, und meinen Bus kann ich praktischerweise in seinem Hinterhof parken. Dort verbringe ich nach einem lustigen, bierseligen Abend auch die Nacht.

Grand Ballon und Colmar

Am nächsten Morgen geht es weiter zum Berg Grand Ballon in den Vogesen, ein Tipp von Greg und Lucas, den beiden Studenten von gestern. Auf dem Weg dahin mache ich einen kurzen Zwischenstopp in Colmar. Das Städtchen ist wirklich hübsch anzusehen, aber alleine durch die romantischen Gässchen zu laufen, ist irgendwie langweilig.

Also weiter zum Grand Ballon. Der Berg ist knapp 1400 Meter hoch, und da oben auch im Frühling noch Schnee liegt, entscheide ich mich, den Bus unten am Anfang eines Schotterwegs zu parken und zu Fuß hinaufzulaufen. Vorher gibt es noch schnell eine 800-Gramm-Dose Chili con Carne. Das ist wirklich eine sportliche Portion, wie ich nun feststellen muss. Aber ich kann meinen vollgefutterten Bauch ja gleich wieder abwandern.

Auf dem Weg nach oben begegnet mir niemand, und auch oben herrscht zu dieser Jahreszeit Menschenleere. Schon komisch so alleine hier. Beim Wildcampen ist man wirklich die meiste Zeit nur mit sich selbst unterwegs. Das ist ein großer Unterschied zum Backpacken, wo man in Hostels oder beim Couchsurfing immer wieder auf andere Leute trifft. Auf Campingplätzen würde das vielleicht auch so laufen, da ich aber dafür kein Geld ausgeben will, bleibe ich – bis auf Ausnahmen wie Greg und Lucas gestern – alleine.

Und so verbringe ich auch die Nacht auf einem einsamen Parkplatz am Fuße des Grand Ballon. Ich hatte gestern auf dem Weg zum Grand Ballon noch einen anderen T4-Bus getroffen, ein echter Zufall. Ich hatte gehofft, dass das deutsche Pärchen, das darin saß, vielleicht Lust hätte, die Nacht zusammen auf dem Parkplatz in der Nähe zu verbringen. Aber die junge Frau wollte lieber auf einem Campingplatz übernachten. Schade, wäre bestimmt nett gewesen zusammen.

Weiter nach Lyon

Dann geht es weiter nach Lyon, das mir so gar nicht gefällt. Viel zu laut und hektisch. Schnell weiter nach Sète, eine Empfehlung von Freunden. Damit ich schneller vorankomme, wechsle ich von den ruhigen Landstraßen auf die Autobahn. Was für ein Unterschied. Die so eingesparte Zeit muss ich allerdings mit der Maut und höheren Spritkosten teuer bezahlen. Ist mir aber gerade egal.

Pont du Gard

Auf dem Weg nach Sète mache ich Halt am Pont du Gard, einem alten Aquädukt aus der Römerzeit, das mir Jasmin empfohlen hat. Die Kalksteinbrücke, die sich in drei beeindruckenden Ebenen über den türkisblauen Fluss Gard oder Gardon, daher auch ihr Name, spannt, macht wirklich etwas her. Ich sehe mir dir Brücke aus allen erdenklichen Winkeln an und denke trotzdem nur: «Schön. Alles klar. Und jetzt?» Das Wetter ist perfekt, dieser Ort hier wunderschön – nicht zu überlaufen – und trotzdem lässt mich das alles hier komplett kalt, und ich fühle mich einsam.

Sète am Mittelmeer

Nach einem ausgedehnten Mittagsschlaf im Bus – was soll ich hier alleine auch groß machen – fahre ich weiter nach Sète am Mittelmeer. Obwohl ich wieder nur auf Landstraßen unterwegs bin, brauche ich knapp zwei Stunden und finde auch sofort den Parkplatz direkt hinter den Dünen, der mir empfohlen wurde. Außer mir ist niemand hier. Ich gehe eine Runde am Strand joggen und danach schwimmen. Brrr, echt kalt.

Danach setze ich mich in meinen Bus, schaue auf das Meer und fühle mich wieder einsam. So kann das nicht weitergehen. Ich muss mir auf jeden Fall etwas überlegen.

Nächstes Ziel: nach Hause

Ich bin wieder daheim. Ich fühle mich zwar wie der größte Versager, doch ich glaube, dass es die richtige Entscheidung war.

Als ich mich gestern in Sète nach meinem ausgiebigen Bad im Mittelmeer in meinem Bett entspannt habe, habe ich mich gefragt, wieso ich das Ganze eigentlich mache. Die Antwort: weil ich kann, weil ich die Freiheit habe, überall hinzufahren. Ich habe also auch die Freiheit, wieder nach Hause zu fahren.

Ich muss meine Reise neu denken. Und das geht am besten zu Hause, ohne Druck, ohne das Gefühl von Einsamkeit, das mich runterzieht. Frankreich war okay, aber es gibt andere Orte, die mich mehr reizen. Ich habe gelernt, dass ich vielleicht doch kein Einzelkämpfer bin. Und ich weiß auch, dass ich immer ein Ziel brauche. Denn wer kein Ziel hat, der kann auch nichts erreichen.

Weise Worte

Um fünf Uhr morgens bin ich in Sète losgefahren, ganze zwölf Stunden am Stück, bis nach Hause. Fast 1000 Kilometer. Was für ein Ritt. Aber es hat sich einfach richtig angefühlt.

Auf der Rückfahrt konnte ich mir in Ruhe Gedanken darüber machen, was eigentlich schiefgelaufen ist. Die Antwort: nichts und alles. Prinzipiell kann ich sagen, dass das Alleinreisen einfach nicht mein Ding ist. Als ich genauer darüber nachdenke, kommt mir aber ein Zitat meines ehemaligen

Lehrers in den Sinn, der auf unserer Abifeier meinte: «Andere würden euch viel Erfolg wünschen. Aber um erfolgreich zu sein, braucht man Ziele. Deshalb wünsche ich euch Ziele!»

Fehlende Ziele

Und genau daran bin ich auf dieser Reise gescheitert: fehlende Ziele! Es gibt sicher Menschen, die ohne Ziel umherreisen, jeden Tag ohne einen Plan auf das Neue erleben können. Das sind aber bestimmt die wenigsten. Und ich gehöre definitiv nicht dazu.

Mein ganzes Bulli-Projekt hatte von Anfang an einen Plan mit genauen Zielen: Bus suchen und kaufen, Bus reparieren und TÜV bekommen, Bus ausbauen und auf Reisen gehen. Nur beim Thema Reisen habe ich mir keine Ziele mehr gesetzt. Was für ein Fehler!

Und jetzt?

Als ich Jasmin vor meiner Rückreise in einem Telefonat von meiner Entscheidung erzählt habe, war sie etwas erstaunt, aber konnte mich total verstehen. Jetzt, wieder zu Hause, fällt es mir gegenüber anderen Leuten schwer, einzugestehen, dass mein Plan nicht funktioniert hat. Irgendwie ist es peinlich. Aber wenn ich die genauen Gründe erkläre und dass ich weitere Reisen mit dem T4 geplant habe – nur eben anders –, verstehen mich alle.

Und auf die Frage: «Was machst du denn nun stattdessen?» antworte ich: «Erst einmal eine Dachluke einbauen!»

Mehr frische Luft

VW-Busse werden oft von Fotografen, Wanderern, Surfern und Snowboardern gefahren, weil der Bus es ihnen erlaubt, ihr Hobby oder ihren Beruf optimal mit dem wichtigen Punkt «Wohnen» zu verbinden. In meinem Fall ist es auch ein bisschen so: das Hobby das Filmemachen und der VW-Bus das Mittel, um an neue Drehorte zu kommen.

Loch im Dach

Mit diesen Gedanken beschäftige ich mich, während ich ein großes Loch in das Dach meines VW-Busses schneide. Es hat schon einiges an Überwindung gekostet, die erste Bohrung in das Dach zu setzen, doch sobald das getan war, gab es sowieso kein Zurück mehr. Bevor ich die Stichsäge ansetze, zeichne ich die Kontur der Dachluke akkurat vor. Dann frisst sich die Säge auch schon emsig durch das dünne Blech. Mit dem langen Sägeblatt schneide ich nicht nur durch das Blech, sondern gleichzeitig auch durch die Isolation und die Innenverkleidung, sodass ich am Schluss durch alle Schichten hindurch einen gleichmäßigen Schnitt habe. Mit einem dumpfen Schlag knallt das ausgeschnittene Stück auf den Boden im Bus-Inneren.

Wasser statt Luft

Plötzlich trifft mich ein Wassertropfen im Nacken. Es sieht aus, als hätte ich mir den perfekten Moment ausgesucht, ein großes Loch in mein Bullidach zu schneiden. Mit zwei großen Sonnenschirmen decke ich das Loch schnell ab, um einen Wasserschaden zu verhindern.

Mittlerweile schüttet es richtig, also muss es jetzt schnell gehen. Ich lege mir Bremsenreiniger, den Rostschutzlack, Pinsel, Karosseriekleber, das neue Fenster und den Einbaurahmen zurecht und schiebe mich durch die kleine Öffnung. Um den Lack vollständig trocknen zu lassen, bevor ich das Fenster einbaue, fehlt mir die Zeit. Also ziehe ich direkt eine dicke Linie aus Karosseriekleber um das Fenster herum und gebe darauf acht, dass das Fenster beim Einsetzen nicht an den frisch lackierten Rand kommt. Am Ende ziehe ich noch die im Lieferumfang enthaltenen Schrauben des Einbaurahmens fest. Fertig. Wie eigentlich fast alles am Bus war diese Aktion deutlich einfacher als gedacht. Und obwohl die Sonnenschirme noch das Dachfenster verdecken, ist es schon ein kleines bisschen heller im Innenraum als davor.

Toolbox – diese Werkzeuge habe ich verwendet:
Stichsäge
Pinsel
Akkuschrauber
Lappen

Kosten & Zeitaufwand
ca. 15 Euro – Karosseriekleber (Sikaflex)
ca. 0 Euro – Rostschutzlack (hatte ich noch da)
ca. 120 Euro – Dachfenster-Set
ca. 5 Euro – Bremsenreiniger

Arbeitszeit: 1 Tag

Ab in den Norden

Das Arbeiten an meinem Bulli hat meine Gedanken beruhigt. Während meine Hände mit dem Einbau des Dachfensters beschäftigt waren, konnte ich in Ruhe darüber nachdenken, wie es nun weitergehen soll.

Zurück in den Norden

Nachdem die Dachluke eingebaut ist, steht der Plan: Ich fahre wieder in den Norden.

Das Kliemannsland ist ein Ort, den ich schon seit langem besuchen möchte. Auf dem alten Pferdehof treffen sich Heimwerker und andere Bastel-Begeisterte, um gemeinsam an Projekten zu arbeiten. Also genau das Richtige in meiner Situation. Da Nino auch dort in der Nähe wohnt, möchte ich mit ihm auch ein paar Dinge an meinem Bus erneuern.

Und nach der Bastelei mit Nino will ich auf jeden Fall einen zweiten Reiseversuch wagen, aber dieses Mal mit Freunden. Vielleicht hat ja Nino Zeit und Lust, mitzukommen. Ich bin auf jeden Fall zuversichtlich, dass ich passende Reisebegleiter finden werde.

Zurück ans Band

Nach meiner Rückkehr aus Frankreich habe ich mich aber erst einmal für einen erneuten Ferienjob bei Daimler beworben, das Geld kann ich gut gebrauchen. Solange das mit der Reise noch nicht konkret ist, wäre es ja doof, einfach nur Zeit zu vertrödeln. Und Geld braucht man mit so einem Bulli eigentlich immer – wenn nicht gerade etwas kaputt ist, wird es das bestimmt bald sein. Und auch beim Ausbau lässt sich noch viel Geld verbauen. Ein Ferienjob ist auf jeden Fall eine vernünftige Entscheidung, sage ich mir.

Dieselfilter und Luftmassenmesser

Auf dem Weg Richtung Hamburg ächzt mein T4 die Kasseler Berge mit gerade einmal 40 Stundenkilometer hinauf. Ich muss leistungstechnisch definitiv etwas verändern. Das ist nicht normal und auch kein Dauerzustand. Und gefährlich ist es obendrein.

Ein neuer Dieselfilter

Ich werde auf dem weitläufigen Kliemannsland-Hof sehr freundlich begrüßt und lerne in den nächsten Tagen viele nette Menschen kennen, mit denen ich an größeren oder kleineren Projekten arbeite.

Nach einer Woche kommt Nino zu Besuch. Nach einem kurzen Frühstück machen wir uns sofort gemeinsam an die Arbeit, um meinem Bus mehr Power zu verpassen. Ein neuer Dieselfilter und ein neuer Luftmassenmesser sollen eingebaut werden. Vorher mache ich noch eine kurze Probefahrt, um zu stoppen, wie lange mein T4 braucht, um von null auf hundert zu beschleunigen. Es sind deprimierende 46 Sekunden!

Die Aufgabe des Dieselfilters ist so simpel wie sein Name: Er filtert den Diesel. Ist der Filter verstopft, bekommt der Motor weniger Sprit – es kommt zu einem Leistungsverlust.

Bei einem T4 mit ABS ist der Austausch des Filters echt kompliziert, aber zum Glück hat mein Bus kein ABS. Ich habe freien Zugriff auf den Filter, und mit ein paar Hammerschlägen ist er schnell aus seiner Halterung gelöst. Damit der Motor nach dem Einbau des neuen Filters beim Starten keine Luft zieht, muss der Filter vor dem Einbau mit Diesel gefüllt werden. Dummerweise haben wir keinen Kanister, sodass wir einen Schlauch von meinem Tank zum Filter legen müssen und dann per Mund-Ansaugtechnik den Diesel umpumpen. Bäh, Diesel schmeckt eklig, aber immerhin brennt er nicht im Mund, sondern ist eher ölig wie Salatsoße. Irgendwann ist es geschafft, und wir können den vollen Dieselfilter einbauen.

Gespannt fahre ich einen neuen Beschleunigungstest: Nichts. Immer noch 46 Sekunden. Mist.

Ein neuer Luftmassenmesser

Jetzt liegt meine ganze Hoffnung bei dem neuen Luftmassenmesser. Seine Aufgabe ist es, wie der Name schon sagt, die Luftmasse zu messen. Für eine ideale Verbrennung muss das Motorsteuergerät wissen, wie viel Luft im Verhältnis zum eingespritzten Diesel in den Motor gelangt, damit eine saubere, effiziente Verbrennung stattfindet. Ist zu viel Diesel und zu wenig Luft im Motor, kann es zu einer starken Rußentwicklung und Leistungsverlust kommen.

Der Luftmassenmesser sieht aus wie ein kurzes Rohrstück aus Kunststoff, etwa fünf Zentimeter im Durchmesser mit einem Anschluss für einen Stecker, der die Daten weitergibt. Der Luftmassenmesser kommt zwischen Luftfilterkasten und Turbolader. Nur zwei Kreuzschlitzschrauben sind zu lösen, und schon hält man das Teil in der Hand. Schnell ist der neue Sensor verbaut und mit der praktischen Steckverbindung angeschlossen.

Erwartungsvoll hüpfe ich auf den Fahrersitz und lasse den Motor an. Schon nach einer Sekunde weiß ich, dass irgendetwas anders ist.

«Alter, der läuft viel besser!», rufe ich Nino zu. Ich drücke ein paar Mal aufs Gas. «Viel besser!»

Der Beschleunigungstest bestätigt meinen ersten Eindruck: Von null auf hundert in nur 21 Sekunden. Ich bin happy!

Toolbox – diese Werkzeuge habe ich verwendet:

Schraubendreher

Schlauch zum Befüllen

Wasserpumpenzange

Kosten & Zeitaufwand

ca. 20 Euro – Dieselfilter

ca. 120 Euro – Luftmassenmesser

Arbeitszeit: 3 Stunden

Ingenieurskunst

Ich bin superglücklich, dass mein Bus endlich besser zieht. Die neugewonnene Power kann ich gleich ausprobieren, denn Nino hat mich eingeladen, mit ihm nach Heidkate an den Strand zu fahren, wo er sich am Wochenende mit ein paar anderen Bulli-Freunden treffen möchte. Cool, ich bin dabei.

Jasmins Reisepläne

Vor der Abfahrt telefoniere ich noch einmal mit Jasmin, die, während ich hier im Norden mit anderen Bulli-Verrückten am Schrauben bin, zu Hause fleißig ihr Praktikum bei einem Autohersteller absolviert. Sie schlägt vor, dass wir nach dem Ende ihres Praktikums eine gemeinsame Bulli-Tour nach Österreich machen. Ich bin sehr glücklich, dass dieser Vorschlag von ihr kam.

Hinterm Deich

Jetzt geht es aber erst mal an die Nordsee. Wir treffen uns auf einem großen Parkplatz hinter dem Deich. Insgesamt sind wir vier VW-Busse, und alle sehen anders aus. Wahnsinn, wie sich so ein T4 an die Bedürfnisse seines Besitzers anpassen lässt. Da haben die Ingenieure bei VW wirklich ganze Arbeit geleistet. Ich bin immer wieder begeistert, wie benutzerfreundlich mein Auto ist. Während man bei vielen anderen Bussen professionelle Hilfe braucht, um etwas zu reparieren, haben die Ingenieure beim T4 darauf geachtet, dass alles so einfach wie möglich ist. Ein echter Bastlertraum.

Standheizung

So schwer mir der Abschied von Nino und seinen Bulli-Freunden auch fiel, so sehr freue ich mich, meine Freundin und meine Familie wiederzusehen. Am Ende war ich fast ganze zwei Monate im Norden und habe vor meiner Rückreise den Entschluss gefasst, dass ich meine Ferienjob-Bewerbung zurückziehen werde. Arbeiten kann ich noch den Rest meines Lebens. Stattdessen möchte ich mit Nicl und Pablo, die ich auf dem Hof kennengelernt habe, eine große Skandinavien-Osteuropa-Tour machen: Estland, Lettland, Litauen und Polen. Aber zuerst geht es mit Jamin nach Österreich.

Der Kopf und die Hände

Jasmin und ich ergänzen uns bei der Reisevorbereitung bestens. Während sie unsere Tour mit dem Kopf vorbereitet, indem sie unsere Übernachtungen und Wanderrouten durchplant, bin ich wieder mit meinen Händen zugange und baue endlich eine Standheizung ein. Ich will schließlich nicht, dass meine Freundin im Bus frieren muss.

Neue Standheizung

Vor der Umrüstung des Zuheizers zur Standheizung habe ich gehörigen Respekt. Doch wenn ich zusammen mit Jasmin in Österreich unterwegs bin und es einmal kälter ist, möchte ich, dass wir es trotzdem kuschelig warm haben.

Zum Glück finde ich online eine gute Anleitung, bei der auch eine Materialliste dabei ist. Vor allem die Steckverbindungen zum Zuheizer sind richtige Spezialteile, die auch im Internet nur mühevoll zu finden sind.

Ich habe genau einen Tag Zeit, den Zuheizer umzurüsten. Aus zwei Steckern baue ich ein Adapterkabel, das im originalen Kabelbaum zwischengeschaltet wird. So kann man einfach zwei 12-Volt-Signale auf die passenden Kontakte geben, um der Elektronik vorzugaukeln, dass der Motor läuft und die Außentemperatur unter fünf Grad liegt. Einen Thermoschalter, der eigentlich für Waschmaschinen gedacht ist, befestige ich am Kühlwasserausgang des Zylinderkopfes. Dieser gibt ab 5 Grad Celsius ein 12-Volt-Signal an den Schalteingang eines Relais weiter, das wiederum die Lüfter mit Strom versorgt. Somit wärmt der Zuheizer selbst das Kühlwasser auf, und ab 50 Grad springen die Lüfter automatisch an.

Es ist ein ziemlicher Kabelsalat im Fußraum, als ich endlich alle Strippen vom Motorraum in den Fahrerraum gezogen habe. Hier muss ich nur noch die beiden Relais anschließen und einen Schalter in Reichweite des Bettes anbringen, damit ich den Zuheizer von hier aus einschalten kann.

Ich weiß, dass es oft Probleme mit dem Zuheizer gibt. Nach drei erfolglosen Startversuchen legt er einen Eintrag im Fehlerspeicher ab und versucht erst gar nicht mehr anzuspringen. Das wäre doof. Ich lege also den Schalter um und warte. Klack. Die Dieselpumpe meldet sich zu Wort. Klack. Gespannt warte ich vorne am Radkasten, wo der Auspuff des Zuheizers sitzt, was passiert. Wie ein Flugzeugtriebwerk, aber deutlich leiser, startet das Gebläse des Zuheizers. Schon kommen die ersten kleinen Rauchwolken aus dem Auspuff. Ich freue mich so sehr, dass ich mich fast am Auspuff verbrenne, als ich meine Hand davor halte. Nach einiger Zeit schalten sich auch die Lüfter ein – alles funktioniert!

Toolbox – diese Werkzeuge habe ich verwendet:

Crimpzange

Lötkolben

Seitenschneider

Cuttermesser

Kosten & Zeitaufwand

ca. 6 Euro – Schrumpfschlauch

ca. 35 Euro – Adapterkabel

ca. 5 Euro – Marderschutzschlauch

ca. 2 Euro – Dioden

ca. 1 Euro – Kabelbinder

ca. 5 Euro – Kabel

ca. 10 Euro – 2 Umschaltrelais

Arbeitszeit: 1 Tag

Auf nach Österreich

Endlich starten Jasmin und ich nach Österreich. Es tut gut, während der Fahrt nebeneinander zu sitzen und ohne Ablenkung miteinander zu reden. Die letzten Monate haben wir deutlich zu wenig gemeinsame Zeit verbracht, und das holen wir jetzt nach.

Skaten am Mondsee

Mein Bus schlägt sich sehr wacker. Hinter der österreichischen Grenze müssen wir das erste Mal tanken. Dann geht es weiter zum Mondsee. Schon von weitem sieht man den See mit dem poetischen Namen im Tal glitzern. Wir haben viel Glück mit dem Wetter. Am Himmel zeigt sich kein Wölkchen, es ist aber auch nicht zu heiß.

Wir steuern ein Dorf am See an und parken an der Kirche. Jasmin hatte die Idee, unsere Inlineskates mitzunehmen, und die wollen wir jetzt ausfahren. Inlineskates sind ein wirklich gutes Fortbewegungsmittel in Kombination mit dem Bus, da sie fast keinen Platz wegnehmen. Und hier gibt es sogar eine ausgewiesene Skate-Strecke.

Warmduscher

Mit dem Gedanken, sich wild irgendwo hinzustellen und im Bus zu schlafen, konnte sich Jasmin bisher noch nicht anfreunden. Deshalb fahren wir nach unserer sportlichen Inlinerrunde auf einen Campingplatz direkt am See. Die Nacht kostet 50 Euro. Ganz schön happig. Dafür gibt es aber auch schnelles

Internet, sodass ich noch ein Video hochladen kann, und super saubere Duschen.

Letzteres ist ein bisschen schade, denn ich hätte Jasmin gerne meine Solardusche gezeigt. Auf meiner Reise nach Frankreich habe ich sie am Fuß des Grand Ballon bei bitterer Kälte ausprobiert. Aufgrund des schlechten Wetters gab es damals leider kein warmes Wasser – ich bekomme heute noch Gänsehaut, wenn ich daran denke – aber ansonsten hat sie tadellos funktioniert. Ich möchte sie unbedingt mal bei Sonnenschein ausprobieren und mich direkt neben meinem Bus mit warmem Wasser berieseln lassen. Vielleicht überlegt sich Jasmin das mit dem Wildcampen ja noch einmal, und wir können uns gemeinsam unter meine Solardusche stellen.

Das Bett hält

Überhaupt funktioniert an meinem Bus alles, wie es soll. Das ist toll. Die neuen Vorhänge, die meine Mutter mir vor der Reise noch genäht hat und die ich statt der Klemm-Panels angebracht habe, machen den Bus nachts zu einer kuscheligen Höhle. Die Klemm-Panels hatten sich am Ende leider doch als ziemlich unpraktisch herausgestellt; man muss sie verstauen, und so schön sind sie auch nicht. Die Vorhänge machen da schon etwas her.

Auch meine anfänglichen Bedenken bezüglich der Stabilität des Bettes sind nach der ersten Nacht komplett verflogen. Zuvor hatte ich ja nur das Einzelbett ausprobiert.

Wir haben beide sehr gut geschlafen und werden von der Sonne geweckt, die durch das neue Dachfenster hereinscheint. Als ich die Schiebetür aufmache, sehe ich direkt vor mir die Drachenwand, die senkrecht aus dem Tal hinaufragt.

«Können wir da hochwandern?», frage ich Jasmin.

Wandern in Österreich

Eine Stunde später fahren wir auf einen vollen Wandererparkplatz.

«Ist ja brutal steil hier!», keuche ich, während wir eine der vielen Leitern zum Drachenfelsen hochklettern. Oben angekommen, ist die Aussicht einfach unglaublich. Die Wand fällt senkrecht hinab, sodass uns das ganze Tal zu Füßen liegt.

Das Drachenloch

Auf dem Rückweg kommen wir am Drachenloch vorbei. Ein großes rundes Loch durch den Felsen, über das ein natürlicher Felssteg führt. Perfekte Kulisse für ein Foto. Ein bisschen waghalsig, aber echt cool. Gegen Jasmins lautstarken Protest positioniere ich meine Kamera und mache ein Foto von mir auf dem Drachenloch – 700 Meter freier Fall unter mir. Wahnsinn!

Abends kochen wir auf dem Campingplatz zusammen Nudeln mit Bolognese-Sauce. Jasmin ist extrem gut darin, aus wenigen Zutaten grandiose Gerichte zuzubereiten. Wir trinken eine Flasche Wein zu unserem Festmahl und schlafen glückselig ein.

Lückenfüller

Am nächsten Morgen geht es vom Mondsee zum Traunsee. Der Parkplatz in Traunkirchen ist fast voll belegt, aber wir quetschen uns mit dem Bus einfach an einer Seite ins Gebüsch. Dafür liebe ich den T4: Obwohl innen sehr viel Platz ist, kommt man damit fast in jede noch so enge Parklücke. Wir wandern zur Hochsteinalm und einem nahegelegenen Gipfel. Wieder ist die Aussicht ein Traum.

Abends geht es auf einen Campingplatz. Jasmin beschwert sich schon ein wenig, dass die Campingplätze so teuer sind. Ich überlasse die Entscheidung ihr, freue mich aber insgeheim, als ich merke, dass ihre Abneigung gegen das Wildcampen mit jedem ausgegebenen Euro schwindet.

Nach dem Essen liegen wir mit offener Heckklappe im Bett und können dabei direkt auf den See blicken. Was für ein wundervoller Anblick. Ich liebe meinen Bus dafür, dass er uns so romantische Augenblicke ermöglicht.

Pferde und Torte

Am nächsten Tag geht es in die Stadt. Ich bin zwar nicht so der Städte-Fan, doch bei einer Österreich-Tour gehört Wien einfach dazu. Wir besuchen, auf Jasmins Wunsch, die Spanische Hofreitschule, was eine ganz schön teure Angelegenheit ist. Danach gibt es im Café Sacher ein Stück der berühmten Sacher-Torte. Deren Erfinder Franz Sacher ist sogar mit mir verwandt – ein Cousin dritten Grades meines Ur-Ur-Opas oder so.

Wilde Nacht am Grünen See

Am nächsten Morgen fahren wir zum Grünen See. Der See ist im Herbst fast gar nicht vorhanden, im Frühsommer hat er seinen höchsten Wasserstand. Deshalb liegen zu dieser Jahreszeit viele Bänke, Wanderwege und sogar kleine Brücken unter Wasser. Ein surrealer Anblick. Während wir am Ufer entlanglaufen, sagt Jasmin plötzlich: «Vielleicht finden wir hier in der Nähe ja einen Platz, wo wir uns heute Nacht hinstellen können!»

«Ha! Ich wusste, dass dir die Campingplätze irgendwann zu teuer werden!», antworte ich triumphierend und freue mich auf unsere erste wilde Nacht.

Wir finden einen einsamen Parkplatz im Wald und machen einen kleinen Rundgang zu Fuß. Wenn man wild campt, ist es immer gut zu wissen, wie die nähere Umgebung beschaffen ist. Nicht dass man beim Pinkeln nachts einen Abhang hinunterfällt. Die Sonne neigt sich schon dem Horizont zu. Um uns herum ragen schneebedeckte Gipfel in den Himmel, im Tal unten plätschert ein kleiner Bach vor sich hin. Ein echter Traum.

Nach Hause und dann immer weiter

Auch die letzten Tage mit Jasmin in Österreich waren wunderbar. Es tat unglaublich gut, so viel Zeit mit ihr zu verbringen. Nach meiner vielen Bastelei am Bus, ihren zwei Monaten in Neuseeland, meiner kurzen Alleinreise und den zwei Monaten im Norden hatte ich das Gefühl, dass wir uns beide ganz schön verändert haben. Veränderung und Weiterentwicklung ist gut, allerdings muss man sich dabei als Paar immer Hand in Hand entwickeln und gegenseitig updaten. Sonst lebt man sich auseinander, wie man so schön sagt. Die Reise war ein toller Beziehungsboost. Ich glaube, ich war schon lange nicht mehr so glücklich.

Glücks-Level halten

Um mein Glücks-Level zu halten, plane ich nach unserer Heimkehr gleich die nächste Reise. Ich habe auf der Tour mit Jasmin viel gelernt. Zum Beispiel, dass Spontanität nicht bedeutet, dass man alleine sein muss. Und: Jeder kann wild campen.

Letzteres ist bei meiner nächsten Tour mit Nicl und Paolo, den Jungs, die ich im Kliemannsland kennengelernt habe, ganz bestimmt kein Thema. Da ist Wildcampen Konsens. Also lade ich meinen T4 kurz nach unserer Rückkehr erneut voll mit Dosenfutter und sauberen Klamotten und starte Richtung Hamburg, wo ich Paolo einsammeln werde. Nicl wartet bereits in Tallinn in Estland auf uns, um gemeinsam weiterzureisen. Jasmin kommt dieses Mal leider nicht mit, aber ich freue mich auch auf eine Tour nur mit Jungs – mit Lagerfeuern und Stockbrot.

Der wilde Osten

Ich rausche mit Paolo in Rekordzeit von Hamburg nach Tallinn, wo Nicl schon auf uns wartet. Gemeinsam besichtigen wir die Stadt, die mir wirklich gut gefällt, und dann steuern wir auch schon das nächste Ziel an.

Ab ins Gefängnis

Ich wollte schon immer nach Estland. Genauer gesagt, nach Rummu. Dort gibt es ein verlassenes Gefängnis, das mittlerweile halb in einem See versunken ist, der durch den Kalksteinabbau durch die Gefangenen zu Sowjet-Zeiten entstanden ist. Und der Ort ist wirklich so unglaublich, wie ich ihn mir vorgestellt habe. Natürlich darf man nicht vergessen, dass sich hier ein Stück brutale Geschichte zugetragen hat, aber heute ist der Anblick des verfallenen Gefängnisses im glasklaren See einfach atemberaubend. Ich nehme meinen ganzen Mut zusammen und springe von einem Gefängnisgebäude ins Wasser. Das Ganze wiederhole ich noch einmal, stürze mich dieses Mal aber vom Dach meines Bullis über eine Steilwand hinab in den See. Ich war noch nie in meinem Leben so sehr auf die Gegenwart fokussiert wie in diesem Moment.

Wilder Osten

Die gemeinsame Rückreise von Tallinn über Lettland, Litauen und Polen bietet ebenfalls noch jede Menge Highlights. Wir laufen in einem Nationalpark über lange Holzstege durch ein Moor, besuchen ein vermeintlich verlassenes Teleskop, erkunden Riga, sehen den breitesten Wasserfall Europas und erleben aus nächster Nähe eine Lachswanderung.

Auch wenn Osteuropa einem nicht unbedingt als erstes Reiseziel in den Sinn kommt, ist es definitiv eine Reise wert.

Tipps für unterwegs

Skandinavien und insbesondere Norwegen steht auf meiner Wunschreiseziel-Liste schon immer an erster Stelle. Für Camper ist der Norden Europas besonders attraktiv, da hier das Jedermannsrecht gilt, das es ermöglicht, mit seinem Bus für eine Nacht fast überall legal zu stehen.

Benzin oder Diesel

Ein Problem, das mir auf meiner Reise durch Osteuropa und auch in Skandinavien immer wieder begegnet ist, ist die Unterscheidung von Benzin und Diesel, wenn man an der Tankstelle die Sprache nicht lesen kann. Dabei gibt es einfachen Trick, der mir bisher immer die richtige Tankfüllung beschert hat: Benzin ist extrem flüchtig und leicht entzündlich. Deshalb müssen die Gase beim Tanken abgesaugt werden. Eine Tankpistole für Benzin besteht deshalb aus einem doppelten Rohr: eines für Sprit, eines zum Absaugen des Gases. Diesel-Tankpistolen haben hingegen nur ein Rohr.

Proviant einpacken

Zwar ist Skandinavien ein Traum für Wildcamper, wodurch man beim Reisen einiges an Geld sparen kann, dafür sind Lebensmittel und Getränke extrem teuer. Es ist also ratsam, sich vor der Abfahrt mit haltbaren Lebensmitteln einzudecken. Ich habe mir dafür aus einem Fahrradständer und einer Alukiste eine Heckbox gebaut, in der ich genügend Essen für unsere zweiwöchige Tour bunkern konnte. Unbedingt darauf achten, dass die Box wasserdicht ist, sonst ist nach starken Regengüssen nur noch Nudelbrei übrig.

Kreditkarte einstecken

An den meisten Tankstellen in Norwegen gibt es nur Selbstbedienung und die Möglichkeit, mit Karte zu bezahlen. Auch viele Mautgebühren können nur von der Karte gebucht werden. Daher ist eine Kreditkarte für eine Reise nach Skandinavien unbedingt Pflicht. Die Norweger zahlen übrigens auch kleine Beträge, zum Beispiel im Café, mit Karte. Das ist super praktisch, weil man nicht so viel Geld wechseln muss. Wenn man wie ich eine Prepaid-Kreditkarte hat, sollte man unbedingt darauf achten, dass sie mit genügend Geld aufgeladen ist, sonst steht man am Ende doof da.

Einheimische fragen

Ich habe vor meiner Reise nach Norwegen viele tolle Tipps von Einheimischen und auch erfahrenen Skandinavienreisenden bekommen. Die schönsten Orte, besten Stellplätze, leckersten Restaurants, günstigsten Supermärkte – Tipps von anderen sind wirklich Gold wert. Direkt nach unserer Ankunft in Norwegen haben Jasmin und ich uns sogar mit einem netten Halbnorweger getroffen, der mir vorab tolle Tipps für unsere erste Übernachtung nach der Fährüberfahrt gegeben hatte. Wir haben sogar zusammen eine Tour in seinem Boot gemacht. Ich wurde selten so herzlich in einem neuen Land begrüßt!

Nachtquartier finden

Mittlerweile habe ich auch die App Park4Night auf meinem Handy, die uns in Norwegen gute Dienste erwiesen hat. Sie zeigt Stellplätze an, die andere Camper schon genutzt und eingetragen haben. Jasmin hat direkt in Odda am Hafen einen solchen Platz gefunden. Es macht das Reisen einfach entspannter, wenn man im Voraus weiß, wo man übernachten kann.

Unsere schönsten Stopps

Da Jasmin nur zwei Wochen Zeit hat, müssen wir unseren Trip durch Norwegen straff durchplanen. Am Ende wird sie von Oslo zurück nach Stuttgart fliegen, während ich noch weiter zum Nordkap touren will.

Norwegen besticht vor allem durch seine raue Natur mit den zerklüfteten Fjorden, malerischen Buchten, steilen Felsen und kargen Ebenen. Das macht auch das Autofahren etwas beschwerlich, da man für kurze Entfernungen oft lange Wege fahren muss. Einmal liegt unser nächstes Ziel nur zwanzig Kilometer Luftlinie entfernt, wir müssen jedoch 130 Kilometer fahren, um es zu erreichen.

Preikestolen – der Predigtstuhl

Auch das Wetter spielt uns nicht unbedingt in die Karten, aber bei knapp 200 Regentagen im Jahr haben wir schon damit gerechnet, nass zu werden. Trotzdem ist unsere Laune nicht die beste, als wir zum zweistündigen Marsch zum Preikestolen, dem wohl bekanntesten Felsen Norwegens, aufbrechen. 600 Meter ragt er vom darunterliegenden Fjord in die Höhe. Leider wird uns die Aussicht dort oben komplett verregnet, sodass wir nur schnell ein Foto vor dem Abgrund machen und dann den Rückzug antreten. Als wir abends bei Tortellini mit Tomatensoße und Rotwein im dank meiner Standheizung kuscheligen Bus sitzen, ist der Regen und die dadurch vermasselte Aussicht vergessen, und wir planen unseren nächsten Stopp.

Kjeragbolten – der eingeklemmte Fels

Heute geht es zu einem weiteren typischen Postkartenort: der Kjeragbolten. Ein in 1000 Meter Höhe über dem Fjord eingeklemmter Felsbrocken. Wir beginnen unsere Wanderung wieder bei Regen und dicken Wolken, doch der nette Parkplatzwärter hat uns versichert, dass die Sonne heute noch rauskommen wird. Mal schauen, wie gut die Einheimischen ihr Wetter kennen.

Er soll recht behalten; sie kommt. Genau zur rechten Zeit, als wir oben angekommen sind, bricht der Himmel auf. Mit weichen Knien steige ich für ein Foto auf den eingeklemmten Brocken und genieße mit mulmigem Gefühl im Bauch die spektakuläre Aussicht zu meinen Füßen.

Trolltunga – die Trollzunge

Es ist so herrlich entspannt, mit Jasmin und dem Bus unterwegs zu sein. Nach unserer ersten Nacht ohne Campingplatz in Österreich ist auch bei Jasmin der Knoten geplatzt, und sie genießt es sichtlich, gemeinsam an einsamen Orten zu übernachten. Wir fühlen uns so unabhängig und frei wie selten zuvor.

Als Nächstes besuchen wir die Trolltunga, einen Felsen, der 700 Meter über einem Stausee zehn Meter weit horizontal in die Luft ragt. Die Wanderung zur Trollzunge ist sehr anspruchsvoll und dauert fünf Stunden, weswegen wir Zelt und Schlafsäcke einpacken und oben übernachten wollen. Als wir dort ankommen, machen sich die einzigen anderen Touristen gerade auf den Rückweg. Wir haben alle Zeit der Welt, um auf dem Felsen herumzuspringen, Handstand zu machen und die Beine über die Kante baumeln zu lassen, bevor wir unser Zelt aufbauen und geschafft hineinkriechen.

Hätte mir vor zwei Jahren jemand erzählt, dass ich nach der Schule zusammen mit meiner Freundin in einem selbstgebauten Bus an die schönsten Orte der Welt fahre, hätte ich nur lachend den Kopf geschüttelt. Wie schnell sich alles ändern kann, wenn man nur an den eigenen Zielen festhält und konsequent daran arbeitet!

Andere VW-Busse

Auf meinen Reisen sind mir viele verschiedene VW-Busse begegnet. Jeder von ihnen so individuell wie seine Insassen.

Natürlich waren dabei auch jede Menge fertig ausgebaute T3 und T4, aber am spannendsten fand ich immer die selbstausgebauten Bullis. Darin zeigen sich alle Facetten seines Besitzers.

Das Tolle ist, dass ich noch nie einen Bulli-Fahrer getroffen habe, den ich unsympathisch fand. Man sieht sich, man winkt und grüßt, und wenn man zufällig nebeneinander hält, kommt man immer sofort ins Gespräch und zeigt sich gegenseitig seine Ausbauten.

T4-Wohnmobil

In Frankreich habe ich auf dem Grand Ballon ein richtiges T4-Wohnmobil getroffen. Ich wusste vorher gar nicht, dass es so etwas überhaupt gibt. Leider konnte ich mir das nicht von innen anschauen, da das Pärchen darin lieber auf einem Campingplatz übernachten wollte.

Diebstahlsichere Schubladen

Dann gibt es noch den speziellen Ausbau von Freunden von mir, der sie davor bewahrt hat, in Italien komplett ausgeraubt zu werden. Sie haben den Boden ihres Busses nämlich um knapp fünfzehn Zentimeter erhöht und darunter Schubladen montiert. Jede Schublade erstreckt sich über die gesamte

Länge des Busses, ein Ford Transit, und ist drei Meter lang. Die Diebe haben sich beim Ausräumen des Autos nicht getraut, die Schubladen ganz herauszuziehen. Glück gehabt.

T3 mit Brief-TÜV

Bei der Trolltunga in Norwegen parkte ein alter T3 neben uns. Jasmin und ich haben mit dem Fahrer zusammen unter seiner Markise Bier getrunken und dabei gelernt, dass es einen Brief-TÜV gibt. Das war allerdings auch der Grund, warum der Typ dann mit seinem Ersatzrad unterwegs war. Drei Jahre ohne TÜV waren wohl keine so gute Idee.

Nach dem Ausbau ist vor dem Umbau

Dort draußen fahren wirklich viele VW-Busse als Reisemobile herum. Und jedes ist anders. Immer wenn ich in andere T4 schaue, vergleiche ich sie mit meinem, um zu lernen, was ich bei meinem Bus noch besser machen könnte. Und das ist so einiges. Durch das Reisen und den Vergleich mit anderen ist mir erst aufgefallen, welche meiner Ideen funktioniert und welche eher nicht. Zum Beispiel ist mein großes Bett auf jeden Fall ein Gewinn. Mit Jasmin wäre es zwar kein Problem, auf weniger Fläche zu schlafen, aber als ich mit Paolo im Baltikum unterwegs war, waren wir für den vielen Platz beim Schlafen echt dankbar. Andererseits ist das Auf- und Abbauen des großen Bettes echt mühsam, sodass ich mir dazu mit Sicherheit noch einmal Gedanken mache.

Und auch die lange Sitzbank: Sie ist zwar super praktisch, um Platz zum Hin- und Herbewegen im Bus zu haben, hat aber auch ihre Nachteile. Ninos Bus hat zwei Sitzbänke, die einander gegenüberliegen. Als wir einen Abend zu viert im Bus verbracht haben, war es wirklich schön, sich gemütlich gegenübersitzen zu können. In meinem T4 hätten wir wie Hühner auf der Stange gehockt.

Deshalb ist mir im Laufe der Reise immer klarer geworden: Jede Reise mag zwar irgendwann zu Ende gehen, die Arbeit an meinem Bulli aber nicht.

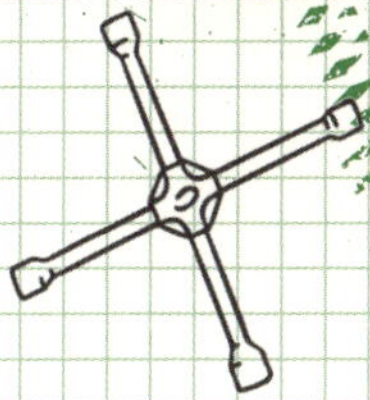

Epilog

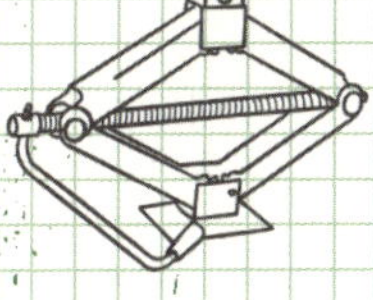

Abenteuer Bulli

Die letzten Wochen mit Jasmin in Norwegen gehören zu den schönsten Wochen meines Lebens. Nicht alles hat geklappt, wie wir uns das vorgestellt haben, es gab Pannen und mieses Wetter, aber trotzdem war es ein Traum.

Irgendwann ist jetzt

Immer wieder begegne ich Menschen, die meinen Bus ganz toll finden, obwohl er weit entfernt von perfekt ist. Bullis scheinen die Phantasie anzuregen und Träume von der großen Freiheit zu wecken. Dann höre ich Sätze wie «Irgendwann mache ich das auch mal!». Und denke mir: «Gut, dass ich es schon gemacht habe!»

Stück für Stück

Das Reisen mit meinem Bus, besonders mit Freunden und Jasmin, ist wirklich großartig. Aber die Zeit davor – das Schrauben, das Tüfteln, das Werkeln – war mindestens genauso aufregend. Ich habe es richtig genossen, den Bus Stück für Stück von einer fast schrottreifen Karre in einen Bus zu verwandeln, der nicht nur den TÜV geschafft hat, sondern in einen, für den mich andere sogar beneiden.

Alles muss raus

Wenn man mich fragt, was das größte Abenteuer ist, das ich in den letzten zwei Jahren erlebt habe, ist es nicht das Springen vom verlassenen Gefängnis in Rummu oder das Klettern auf Felsbrocken in 700 Metern Höhe, sondern die Reparatur und der Ausbau meines VW T4. Ich habe dabei so viel Tränen, Blut und Schweiß gelassen. Ich will mehr davon. Ich werde definitiv noch weitere solche Projekte realisieren, und ich weiß auch schon, mit was ich beginne: Die Reisen haben mir gezeigt, wo es bei meinem Innenausbau noch hapert. Wenn ich wieder zu Hause bin, fliegt alles raus und ich fange von vorne an. Und darauf freue ich mich schon!

Der Zukunft entgegen

Ich habe Jasmin am Flughafen in Oslo abgesetzt und bin wieder alleine mit meinem Bus. Wie damals in Frankreich. Nur ist dieses Mal alles anders. Ich habe einen Plan, genaue Ziele, Freunde, mit denen ich mich unterwegs treffe, und um einiges mehr Erfahrung im Wildcampen.

Mein Plan sieht vor, mit dem Bus über Trondheim zum Torghatten zu fahren und dann weiter auf die Lofoten, wo ich Felix und Noah treffe. Und dann habe ich nur noch ein Ziel: das Nordkap.

Trondheim

Trondheim ist eine schöne Hafenstadt voller junger Menschen, es gibt hier über 30 000 Studenten, und mit einem zentralen Wohnmobil-Stellplatz, wie mir meine App verrät. Als ich dort ankomme, ist der Platz nur leider komplett voll, sodass ich meine zweitliebste Haltestelle aufsuche, einen McDonald's-Parkplatz. Zu Fuß erkunde ich bei Regen die Stadt, telefoniere in meinem Bus vor der «Goldenen Schwalbe» mit Jasmin, die wieder gut zu Hause angekommen ist, und hau mich aufs Ohr.

Torghatten

Am nächsten Morgen geht es zum Torghatten, einem Berg mit einem 35 Meter breiten und 160 Meter langen Loch mitten durch. Klingt abgefahren und war eigentlich eine Entdeckung von Jasmin. Schade, dass sie nicht dabei sein kann. Sechs

Stunden brauche ich von Trondheim nach Torghatten, und natürlich regnet es während der ganzen Fahrt und bei meiner Ankunft. Egal, in dem großen Loch im Berg wird es ja trocken sein. Und das Loch, eigentlich ist es eher ein Tunnel, der einmal durch den Berg führt, ist wirklich beeindruckend. Ich wandere hindurch zur anderen Seite, wo man schon das Meer sehen kann. Sieht mit seinem türkisfarbenen Wasser und den grünen Inselchen fast ein bisschen aus wie in der Karibik, nur ohne die Sonne und Wärme. Weil ich keine Lust habe, durch das Loch wieder zurückzuwandern und mich durch die ganzen Touristen zu quetschen, die kurz nach mir in einem Reisebus angekommen sind, beschließe ich, den Berg einfach zu Fuß zu umrunden. Sieht gar nicht so weit aus. Mein Weg führt mich am Ende durch einsame Wälder, mit Felsbrocken gefüllte Schluchten, vorbei an einer riesigen Höhle – ich halte sie kurz für eine Bärenhöhle und bekomme es mit der Angst zu tun, bevor mein Verstand sagt, dass es hier garantiert keine Bären gibt – über Stock und Stein zurück zur Straße. Ich bin patschnass, als ich wieder an meinem Bus ankomme, aber auch glücklich. Das war ein abenteuerlicher Ausflug. Ich sollte viel öfters, ausgetretene Pfade verlassen.

Djevelporten – Teufelstor

Auf den Lofoten treffe ich wie geplant Felix und Noah, die noch zwei weitere Freunde mit einem T4 im Schlepptau haben. Gemeinsam erwandern wir unsere Umgebung. Heute soll es zum Djevelporten, dem Teufelstor, gehen. Der Aufstieg ist mal wieder eine echte Kraxelei. Doch das Teufelstor belohnt uns am Ende mit einer grandiosen Aussicht und einer skurrilen Begegnung, die noch die ganze Nacht für Gesprächsstoff sorgt. Oben auf dem Felsen treffen wir ein Pärchen, das einen großen gefrorenen Fisch dabeihat, damit auf dem Stein für ein Foto posiert und uns dann den Fisch mit den Worten «Der hat 800 Kronen gekostet!» in die Hand drückt. Schön, dann haben wir jetzt einen gefrorenen Lachs und damit ein festliches Abendessen. Mit Abstieg, Auftauen des vier Kilo schweren Fischbrockens – er musste noch ausgenommen werden – und Kochen ist es am Ende zwei Uhr nachts, als wir endlich essen. Gut, dass es hier nachts nicht dunkel wird, wir haben alle Zeit der Welt!

Nordkap

Es ist Zeit, mich von meinen Freunden zu verabschieden und alleine weiter zum Nordkap zu fahren. Die anderen waren schon dort, und außerdem möchte ich das letzte Stück an den nördlichsten Punkt Europas alleine zurücklegen. Das Nordkap hat für mich eine besondere Bedeutung, es ist einer meiner Sehnsuchtsorte. Auf dem Weg dorthin sehe ich das erste Mal frei lebende Rentiere, und eines davon springt mir natürlich direkt vor das Auto. Gut, dass ich darauf vorbereitet war. Das Nordkap selbst hat eher einen ideellen Wert. Die Aussicht von der Klippe ist nicht besonders atemberaubend, aber der Gedanke, sich genau jetzt und hier nur 2000 Kilometer entfernt vom Nordpol zu befinden, ist irgendwie verrückt.

Mein Abendessen teile ich mir mit einem Fuchs. Während ich in meinem Bus esse, kommt ein Fuchs angehuscht und macht sich über die Spaghetti her, die jemand in der Nähe von meinem Stellplatz verschüttet hat. In stiller Zweisamkeit sitzen wir beide da und futtern unsere Nudeln. Was dem Fuchs dabei durch den Kopf geht, weiß ich nicht, aber ich denke darüber nach, wie wichtig es für mich war, mit dem Bus noch einmal alleine loszufahren: Es reicht nicht, wenn man nur einmal seine Komfortzone verlässt. Man muss dies jeden Tag aufs Neue tun.

Der Bulli, mein Freund und Helfer

Mein Bulli hat auf jeden Fall mein Leben verändert. Aus einem orientierungslosen Abiturienten ist ein begeisterter Bastler, Schrauber und Reisender geworden, der genau weiß, was er will. Und meine Begeisterung für Technik hat mir die Wahl des Studiums erleichtert. Denn genau in diesem Moment wird mir klar: Ich studiere Maschinenbau. Das ist mein Ding.

Der Bus hat mich reifer gemacht, mich gelehrt, Lösungen zu finden und nicht aufzugeben, auch wenn es mal aussichtslos aussieht. Es gibt immer einen Weg, man muss ihn nur finden.

Am meisten weiß ich jedoch die Freiheit zu schätzen, die so ein Auto mit sich bringt. Genau diese Freiheit war es auch, die mich am Anfang überfordert hat. Es stehen einem plötzlich so viele Möglichkeiten offen, dass man gar nicht mehr weiß, wo oben und unten ist. Genau so ging es mir nach dem Abitur mit der Berufswahl. Der T4 war der beste Studienberater, den ich mir hätte wünschen können.

Vor allem eines hat mir dieses Projekt gezeigt: Man muss den Mut haben, die Dinge zu tun, die man will. Und war man mutig genug, den ersten Schritt zu tun, so muss man nur konsequent daran arbeiten, bei Rückschlägen nicht aufgeben und es auch ein zweites Mal versuchen.

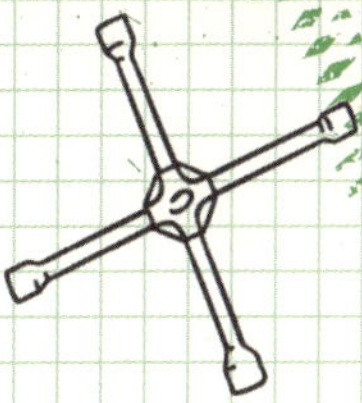

Links

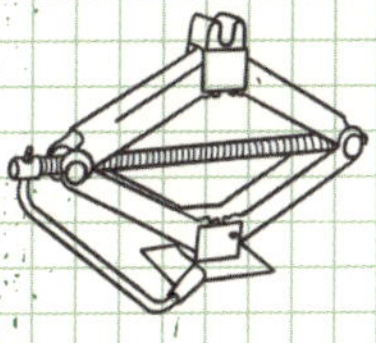

Links

Unbedingt anschauen, wenn ihr selber einen Bus habt oder kaufen wollt:

https://t4-wiki.de/ – Die beste Seite mit Anleitungen zu allen Reparaturen, die ihr euch vorstellen könnt. Ausführlich, kompetent, verständlich.

http://www.t4forum.de – Für alle Fragen, die noch mehr in die Tiefe gehen, gibt es das Forum. So ziemlich jede Frage wurde hier bereits gestellt und ausführlich besprochen.

https://www.youtube.com/c/vwt4oskar – Ninos Kanal. Von ihm gibt es schon viele informative Videos rund ums Thema T4.

https://www.youtube.com/mathisox – Mein Kanal ;)